내가 쓰고 싶은 말을 다 쓰는

영어일기
영작패턴

내가 하고 싶은 말을 다 쓰는 영어일기 영작패턴

지은이 하명옥
펴낸이 임상진
펴낸곳 (주)넥서스

초판   1쇄 발행 2006년   7월 25일
초판 34쇄 발행 2023년 10월   1일

출판신고 1992년 4월 3일 제311-2002-2호
주소 10880 경기도 파주시 지목로 5
전화 (02)330-5500 팩스 (02)330-5555

ISBN 89-6000-122-8 93740

www.nexusbook.com

내가 쓰고 싶은 말을 다 쓰는

영어일기
영작패턴

영어일기 분야 베스트셀러 1위 저자 | 하명옥 지음
영어일기 검색 1위 사이트 운영자

넥서스

머리말

영어가 필요하여 공부를 하는 학생들이 가장 많이 하는 질문은, 어떻게 하면 영어를 빨리 정복할 수 있느냐 하는 것입니다. 답은 하나, 무엇이든 꾸준히 많은 시간을 투자하라는 조언 외에는 달리 해줄 말이 없네요. 단시간에 금방 이루어지는 언어학습은 없기 때문이죠. 중요한 것은 꾸준히 하는 것입니다. 아기가 우리말을 제대로 할 때까지 소요되는 시간을 생각해 보면 이해가 가시겠지요? 영어를 처음 배우는 사람도 우리말을 처음 배울 때처럼 하나하나 익히면서 깨치는 과정을 겪는 것이랍니다. 좀 더 빨리 영어에 익숙해지기를 원하거든 좀 더 많은 시간과 노력을 투자해야 하는 것은 당연한 이치이죠. 영어공부를 시작하자마자 원어민들의 영어가 안 들린다고, 그들처럼 영어를 말할 수 없다고, 또는 그들처럼 글을 쓸 수 없다고 낙심할 일이 아닙니다. 이해 안 되는 어려운 것을 하려 하지 말고 자신의 수준에 맞는 것을 찾아 지속적으로 열심히 하세요. 언젠가는 노력한 만큼의 결실이 있기 마련입니다.

원어민과 대화를 나누면서 영어를 익힐 수 있는 기회가 적은 우리네 교육 상황에서는 혼자 영어학습을 할 수 있는 가장 좋은 방법이 바로 영어로 글을 쓰는 것입니다. 또한 글로든, 대화로든 영어로 정확한 표현을 구사하기 위해서 꼭 필요한 것이 문장을 만드는 일이지요. 영어로 글을 쓰기 위해서는 우선 영어의 기본구조를 충분히 익히는 것이 필수적입니다. 처음 영어공부를 시작하면서 자신의 생활이나 생각을 영어로 척척 써 내려가는 것은 물론 불가능한 일이니, 우리말과 다른 문장구조나 표현방법들을 알아야 하는 것이지요.

왕초보들에게 영어 글쓰기는 '쓰는 것'이라기보다는 '모방하는 것'이라고 하는 것이 옳을 것입니다. 처음부터 완벽한 문장을 만들어내야 한다는 강박관념에서 벗어나, 다양한 표현구문들을 모방하여 쓰면서 자신의 표현으로 만들어가는 것이 중요합니다. 배우고 익힌 문장구조나 표현을 정리하는 형식으로 영어 글쓰기를 시작하고, 쓰고자 하는 표현들을 조금씩 찾아 늘려가도록 하는 것이 좋습니다.

이 책에 제시된 것들은 영어의 기본구조와 기본구문들입니다. 이 책에서 익힌 내용으로 영작연습을 해보면서 영어일기를 하루하루 짧게나마 쓰는 습관을 들이면, 자신만의 문장을 만들어낼 수 있는 감각이 생길 것입니다.

모든 독자들이 영어의 고수가 되기를 바라며…

- 하명옥

왜 영어일기인가!

영어를 잘하려면 영어식 사고방식을 가져야 한다고 쉽게들 말한다. 그러나 우리말을 하고 우리말을 쓰는 곳, 영어를 모국어로 하지 않는 우리나라와 같은 환경에서 영어식 사고방식을 갖기란 당연히 어려운 일이다. 하루를 돌아보며 일기를 쓰는 시간만이라도 영어로 써보자. 우리말 어순이 아닌 영어의 어순으로 말이다. 우리말과는 전혀 다른 영어식 어순으로 사고하는 연습을 하자. 이런 식으로 영어일기를 쓰면 잠시나마 영어식 사고를 할 수 있다. 즉 영어에 좀 더 익숙해지는 것이다.

영어를 모국어로 하는 곳에 오랜 시간 노출되어 영어에 익숙해지지 않는 한, 영어로 일기를 쓴다는 것은 어려운 일이다. 더구나 우리나라처럼 불균형적인 입시 위주의 영어교육 환경에서는 영어일기 쓰기가 더욱더 어렵다. 거의 모든 학생들이 영어일기를 쓰기도 전에 겁을 먹고 두려워한다.

길고 어려운 독해문제를 척척 풀어내는 학생들이 아주 간단하고 쉬운 영어문장 하나 쓸 때는 끙끙 앓는 소리를 할 정도다. 시험을 위한 준비의 일환으로 영어를 공부하고 영어를 직접 사용할 수 있는 기회가 적어서도 그렇지만, 학생들 대부분이 아주 기본적인 영문의 구조조차 이해하지 못하고 있고 아주 기초적인 동사의 사용법 또한 숙지하지 못하기 때문에 우리말 식으로 영어단어만 나열하려 한다. 그러다 보니 영어도 아니고 우리말도 아닌 엉터리 문장이 되고 마는 것이다.

많은 학생들이 먼저 우리말로 일기를 쓴 후 각 문장들을 영어로 번역하려 하기 때문에 영어일기 쓰기가 어렵다고 생각한다. 영어와 우리말은 문장의 어순뿐 아니라 정서를 표현하는 방법이 많이 다르다. 따라서 우리말 표현에 대응되는 영어표현이 없을 수도 있다. 우리말에 딱 맞는 영어식 표현을 찾으려 하기 때문에 영어일기 쓰기가 더욱더 어려워지는 것이다. 영어일기를 쓸 때는 아주 간단하고 쉬운 문장부터 시작해야 한다. 처음부터 긴 문장을 쓰려 하기 때문에 체감 난이도가 높아지는 것이다.

이런 노력을 꾸준히 지속한다면 어느 정도 시간이 지난 후 지나간 일기 내용을 돌아보며 지난 일에 대해 즐거운 추억도 해보고 향상된 자신의 영어실력에 감탄을 할 수도 있을 것이다.

영어일기, 이렇게 쓴다

영어일기라고 해서 특별한 형식이 있는 것은 아니다. 우리말로 쓰는 일기와 크게 다르지 않다. 영어일기의 기본요소는 날씨, 요일, 날짜, 제목, 본문이지만 꼭 이 모두를 갖추어 써야 하는 것은 아니며 날씨나 제목은 경우에 따라 쓰기도 하고 쓰지 않기도 한다. 영어일기와 우리말일기의 차이점이라 하면 날씨, 요일, 날짜의 배열 순서가 다르다는 것이다.

❶ 날씨

우리말일기에서는 날씨를 맨 뒤에 쓰지만 영어일기에서는 일반적으로 날씨가 맨 앞에 온다. 그러나 날씨를 뒤에 쓴다고 해서 틀린 것은 아니다. 또한 우리말일기와는 달리 영어일기에서는 보통 형용사를 사용해서 날씨를 표현한다. 단, 알파벳 첫 자는 대문자로 한다.
Ex. 2005년 7월 1일 토요일 맑음 – Clear, Saturday, 1 July 2005

❷ 요일

요일은 날씨 다음에 쓰며 다음과 같이 간단히 표시하기도 한다.
Ex. 월요일 – Mon. | 화요일 – Tues. | 수요일 – Wed. | 목요일 – Thurs. | 금요일 – Fri.
　　토요일 – Sat. | 일요일 – Sun.

❸ 날짜

날씨와 요일을 쓴 후 날짜를 적는다. 날짜 표현은 우리말일기와 배열 순서가 완전히 다르니 주의해야 한다. 영어에서는 시간을 표현할 때 작은 개념에서 큰 개념의 순서로 열거한다는 점을 상기한다. 가령 '2006년 7월 1일'을 나타낼 경우 작은 개념인 날짜부터 써서 1 July 2006라고 표현하고, 간혹 월과 일을 바꿔 July 1 2006라고 쓰기도 한다. 월을 간단히 표시할 경우는 다음과 같이 표현한다. 단, 5월(May)과 6월(June), 7월(July)은 보통 약자로 쓰지 않는다.
Ex. 1월 – Jan. | 2월 – Feb. | 3월 – Mar. | 4월 – Apr. | 8월 – Aug. | 9월 – Sep.
　　10월 – Oct. | 11월 – Nov. | 12월 – Dec.

❹ 제목

영어일기에 제목이 꼭 필요한 것은 아니지만 하루일과 중 특별히 기억하거나 기록하고 싶은 내용을 제목으로 정해 놓고 쓰게 되면 글이 산만해지지 않고 나름대로의 논리를 갖추게 된다.

❺ 본문

일기의 본문은 쓰는 사람의 취향과 기호에 따라 매우 다양한 형식으로 구성할 수 있다. 어떤 형태의 일기를 쓰든 영어문장 구사력이 요구되는데, 이 책에 제시된 패턴들을 적극 활용하여 자신이 쓰고 싶은 말들을 표현해 보는 연습을 꾸준히 한다면 큰 도움을 받을 수 있을 것이다.

이 책의 구성

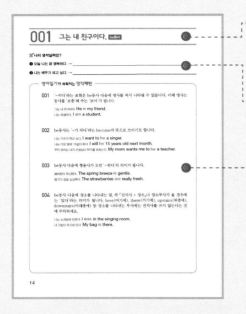

각 장에서 배울 해당 패턴의 기본문형을 우리말 제목으로 표현하여, 배우고자 하는 부분을 쉽게 파악할 수 있도록 하였습니다.

학습에 앞서 해당 장에서 배워야 할 패턴을 얼마나 알고 있는지 사전 점검을 해보는 영작코너입니다.

이 책에서는 총 262개의 패턴을 다루고 있습니다. 차례대로 번호를 붙여놓았으니 하나하나 소화하면서 성취감을 맛보세요~

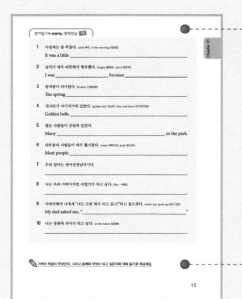

「영어일기가 쉬워지는 영작패턴」에서 공부한 내용을 기억하면서 실전 영작연습을 하는 코너입니다. 뒤로 갈수록 영작의 난이도가 높아지도록 배열했으니 단계별로 테스트해 보세요.

각 장에서 공부한 패턴을 이용하여 자신만의 일기를 써 보세요.

모범일기 02

각 chapter의 마지막에 모범일기를 제시하였습니다.
실전일기를 쓸 때 참고하세요.

I lost my MP3 player. *Sunny, Tuesday, 30, April*

I like listening to various kinds of songs. I wanted to have a new MP3 player, so I asked my parents to buy one for me. My parents promised that if I got good grades on the tests, they would buy it to me. I studied very hard, but I didn't get good grades. I was very depressed. A few days later, while I was reading a book in my room, my mom gave a MP3 player to me quietly. It was an unexpected present for me. She said to me, "I'm giving this to you because you did your best." I was so happy. I spent a few days listening to my favorite songs. However, today I found that my MP3 player had disappeared. Oh! my god! No way! I looked for it everywhere, but it was nowhere to be found. I lost the MP3 player that my mom had bought for me. Who stole it? I didn't tell my mom yet. I can't fall asleep. What should I do?

MP3 플레이어를 잃어버리다

나는 음악 듣는 것을 아주 좋아한다. 나는 새로운 MP3 플레이어가 몹시 갖고 싶었다. 그래서 부모님께 MP3 플레이어를 사달라고 부탁했다. 부모님께서는 내가 좋은 성적을 받으면 사준다고 약속을 하셨다. 나는 공부를 열심히 하였지만 좋은 성적을 받지 못했다. 나는 너무 낙심했다. 며칠 후에 방에서 책을 읽고 있는데 엄마가 MP3 플레이어를 내게 살짝 주셨다. 예기치 못한 선물이었다. 내가 최선을 다했기 때문에 주시는 것이라고 하셨다. 나는 너무 행복했다. 며칠 내내 내가 좋아하는 음악들을 들었다. 그런데 오늘 방금 주께 MP3 플레이어가 없어진 것을 알게 되었다. 안 돼! 이럴 수가! 나는 모든 곳을 다 찾아보았다. 그러나 어디에도 없었다. 엄마가 사주신 MP3 플레이어를 잃어버리고 만 것이다. 누가 가지고 있을까? 아직 엄마에게 말함을 못 드렸다. 잠을 잘 수가 없다. 어떻게 해야 하지?

various 다양한 | **promise** 약속하다 | **grades** 성적 | **depressed** 우울한, 낙심하는 | **unexpected** 예기치 않은 | **present** 선물 | **disappear** 사라지다 | **look for** ~을 찾다 | **stole** steal(훔치다)의 과거 | **fall asleep** 잠들다

나의 영작실력은?

「나의 영작실력은?」과 「영어일기가 쉬워지는 영작연습 10」의 모범답안을 책속의 책으로 제작하였습니다. 잘라 내어 편리하게 활용하세요~

PART I

Chapter 01

001 1. I am really happy today.
     2. I want to be an actor.

002 1. Where there is a will, there is a way.
     2. There was a fire in our apartment.

003 1. The sweater feels soft.
     2. The pizza looked really delicious.

004 1. He turned pale suddenly.
     2. The weather got colder.

005 1. I hate doing dishes.
     2. I think that he loves me.

006 1. I entered the room in a hurry.
     2. I dated him today.

007 1. I told my brother interesting stories.
     2. I showed my friends my big muscles.

008 1. I showed the way to him.
     2. I told my love story to him.

009 1. My parents call me Princess.
     2. He made me happy.

010 1. I heard someone yell.
     2. Many people saw me falling down.

011 1. He made me wait for two hours.
     2. His story made me cry.

Chapter 02

012 1. I don't like sour food.
     2. If it rains tomorrow, I won't meet my friends.

013 1. I fell down the stairs.
     2. I was too ashamed.

014 1. I was calling him.
     2. He was dancing.

015 1. I've read the magazine twice.
     2. My mom has been ill since [I was a] child.

016 1. We prepared for the play last week.
     2. We have prepared for the play for a month.

017 1. I've been to Japan.
     2. I've been to a musical once.

018 1. I've been waiting for two hours for him to come.
     2. I've been exercising for one year to lose weight.

019 1. My boyfriend is coming to see me this evening.
     2. I was about to tell him the truth.

020 1. I recognized him at once because I had seen him before.
     2. When I opened my wallet, the money had disappeared.

PART II

Chapter 01

001 1. It's quite far from my house to the post office.
     2. It was dark outside.

002 1. A surprising event happened yesterday.
     2. We are of an age.

003 1. The man is not my type.
     2. I can play the flute.

004 1. Writing a diary in English is interesting.
     2. What he said was untrue.

005 1. It will be nice to walk along the beach.
     2. It's not good to ignore others' feelings.

006 1. Generally, those who exercise regularly live longer.
     2. I want to volunteer for the disabled.

007 1. It's good for health to drink much water.
     2. My hands tremble when I drink a lot of coffee.

1

차례

PART I
영작을 위한 기본

001   그는 내 친구이다. be동사

☑ **나의 영작실력은?**

❶ 오늘 나는 참 행복하다. → _____

❷ 나는 배우가 되고 싶다. → _____

─── **영어일기가 쉬워지는 영작패턴** ───

001 '~이다'라는 표현은 be동사 다음에 명사를 써서 나타낼 수 있습니다. 이때 명사는 동사를 '보충'해 주는 '보어'가 됩니다.

그는 내 친구이다. He is my friend.
나는 학생이다. I am a student.

002 be동사는 '~가 되다'라는 become의 뜻으로 쓰이기도 합니다.

나는 가수가 되고 싶다. I want to be a singer.
나는 다음 달에 15살이 된다. I will be 15 years old next month.
우리 엄마는 내가 선생님이 되기를 원하신다. My mom wants me to be a teacher.

003 be동사 다음에 형용사가 오면 '~하다'의 의미가 됩니다.

봄바람이 부드럽다. The spring breeze is gentle.
딸기가 정말 싱싱하다. The strawberries are really fresh.

004 be동사 다음에 장소를 나타내는 말, 즉 「전치사 + 장소」나 장소부사가 올 경우에는 '있다'라는 의미가 됩니다. here(여기에), there(거기에), upstairs(위층에), downstairs(아래층에) 등 장소를 나타내는 부사에는 전치사를 쓰지 않는다는 것에 주의하세요.

나는 노래방에 있었다. I was in the singing room.
내 가방이 저기에 있다. My bag is there.

1 아침에는 좀 추웠다. (cold 추운, in the morning 아침에)

It was a little _____.

2 날씨가 매우 따뜻해서 행복했다. (happy 행복한, warm 따뜻한)

I was _____ because _____.

3 봄바람이 차가웠다. (breeze 산들바람)

The spring _____.

4 개나리가 여기저기에 있었다. (golden bell 개나리, here and there 여기저기에)

Golden bells _____.

5 많은 사람들이 공원에 있었다.

Many _____ in the park.

6 대부분의 사람들이 매우 활기찼다. (most 대부분의, lively 활기찬)

Most people _____.

7 우리 엄마는 영어선생님이시다.

_____.

8 나는 우리 아버지처럼 사업가가 되고 싶다. (like ~처럼)

_____.

9 아버지께서 나에게 "너는 크면 뭐가 되고 싶니?"라고 물으셨다. (when you grow up 네가 크면)

My dad asked me, "_____"

10 나는 장래에 의사가 되고 싶다. (in the future 장래에)

_____.

 가족의 직업이 무엇인지, 그리고 장래에 무엇이 되고 싶은지에 대해 일기로 써보세요.

002 그곳엔 많은 사람들이 있었다. 유도부사

☑ 나의 영작실력은?

❶ 뜻이 있는 곳에 길이 있다. → _____

❷ 우리 아파트에 화재가 있었다. → _____

── 영어일기가 쉬워지는 영작패턴 ──

005 '~가 있다/없다'라고 존재의 유무를 나타낼 때는 유도부사 there를 사용하여 「There be + 명사」의 구문으로 나타내며, be동사는 명사의 단복수 여부와 일치시킵니다.

우리들을 위한 수영장이 있다. There is a swimming pool for us.
장난꾸러기들이 많았다. There were many naughty guys.
나에게는 어떤 기회도 없었다. There wasn't any chance for me.
오늘은 구름 한 점 없었다. There was no cloud today.

006 there 다음에 장소부사(구)를 덧붙여 「There be + 명사 + 장소」의 구문으로 '~에 …가 있다'라는 의미를 표현합니다.

그곳엔 많은 사람들이 있었다. There were many people there.
책상 위에 지도가 있다. There is a map on the desk.
우산꽂이에 우산이 하나도 없었다. There wasn't an umbrella in the umbrella stand.
우리 집에는 책이 많다. There are many books in my house.
우리 학교에는 열 개의 동아리가 있다. There are ten clubs at my school.

007 '~에(게) …가 있다'라는 표현은 have동사를 사용하여 「주어 + have + 목적어」의 구문으로 나타낼 수 있는데, 이는 주로 소유의 의미를 담고 있습니다.

나에겐 원대한 꿈이 있다. I have a great dream.
그 동아리에는 많은 회원이 있다. The club has many members.
나는 위장에 문제가 있었다. I had trouble with my stomach.
우리에게는 미래에 대한 희망이 있다. We have hopes for the future.

1 오늘 좋은 소식이 있었다. (news 소식)

There was _____ today.

2 댄스 경연대회가 있었다. (contest 경연대회)

There _____.

3 팽팽한 경기들이 많았다. (close 팽팽한)

There _____ many _____.

4 하늘에 비구름이 꼈다. (rain clouds 비구름)

There _____ in the sky.

5 산에는 사람들이 많았다. (on the mountain 산에는)

There _____.

6 앞에 교통사고가 있었다. (car accident 교통사고)

There _____ ahead.

7 하늘에 별이 많았다. (a lot of 많은)

_____.

8 제주도에는 볼거리가 많았다. (sight 볼거리)

_____.

9 친구들과 놀 시간이 조금 있었다. (time to play 놀 시간)

I had _____.

10 주머니에 돈이 한푼도 없었다. (pocket 주머니)

_____.

 주변을 둘러보고 무엇이 어디에 있는지 써보세요.

003 오늘은 기분이 좋다. 감각동사

☑ **나의 영작실력은?**

❶ 그 스웨터는 감촉이 부드럽다. → _____

❷ 피자가 참 맛있어 보였다. → _____

┌─ **영어일기**가 쉬워지는 **영작패턴** ─────────────────────

look(~하게 보이다), sound(~하게 들리다), taste(~한 맛이 나다), smell(~한 냄새가 나다), feel(~하게 느끼다) 등 감각을 나타내는 동사는, '~하게, ~한'에 해당하는 곳에 동사를 보충해 주는 말, 즉 '보어'를 써주어야 합니다. 이때 주의해야 할 것은 '~하게'라는 해석과 상관없이 꼭 형용사만을 써야 한다는 것입니다.

008
look + 형용사 : ~하게 보이다, ~한 것 같다
sound + 형용사 : ~하게 들리다

그는 화난 것처럼 보였다. He looked angry.
그 책은 오래된 것 같았다. The book looked old.
그 음악은 감미롭게 들린다. The music sounds sweet.
그 말은 좋게 들린다. It sounds great.

009
taste + 형용사 : ~한 맛이 나다
smell + 형용사 : ~한 냄새가 나다

좋은 냄새가 났다. It smelled good.
나쁜 냄새가 났다. It smelled bad.
그 약은 쓴 맛이 났다. The medicine tasted bitter.
그 사과는 신 맛이 났다. The apple tasted sour.

010
feel + 형용사 : ~하게 느껴지다, 기분이 ~하다

오늘은 기분이 좋다. I feel good today.
나는 행복함을 느꼈다. I felt happy.
나는 피곤하게 느껴졌다. I felt tired.

1 그는 초콜릿을 받고서 매우 행복해 하는 것 같았다. (to get 받고서)

He looked very _____ some chocolate.

2 나는 나이에 비해 어려 보인다. (for one's age 나이에 비해)

I _____ for my age.

3 그녀는 지적으로 보인다. (intelligent 지적인)

She _____.

4 그 옷은 촌스러워 보였다. (old-fashioned 구식인, 촌스러운)

The clothes _____.

5 그 음식은 맛있는 냄새가 났다. (tasty 맛있는)

The food _____.

6 방귀 냄새가 지독했다. (gas 방귀, terrible 지독한)

The gas _____.

7 그 게임은 매우 흥미로운 것 같다. (exciting 흥미로운)

The game _____.

8 그의 노래가 감미롭게 들렸다. (sweet 감미로운)

_____.

9 나는 그 책을 읽고 나서 감상적인 기분이 들었다. (sentimental 감상적인, after -ing ~한 후에)

_____ after _____.

10 나는 그 소식을 듣고 기분이 좋지 않았다. (terrible 기분이 좋지 않은)

_____.

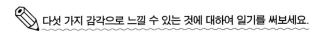 다섯 가지 감각으로 느낄 수 있는 것에 대하여 일기를 써보세요.

004 그는 더 이상해졌다. 상태변화동사

☑ **나의 영작실력은?**

❶ 그가 갑자기 창백해졌다. → _____

❷ 날씨가 더 추워졌다. → _____

영어일기가 쉬워지는 영작패턴

011 '~해지다, ~가 되다, ~한 상태로 바뀌다'의 표현은 상태의 변화를 나타내는 동사인 become, get, grow, turn, go 다음에 형용사를 써서 표현합니다.

가방이 더러워졌다. The bag became dirty.
그는 병에 걸렸다. He got sick.
우리는 피곤해졌다. We grew tired.
나무가 빨갛게 단풍이 들었다. The tree turned red.
우유가 상했다. The milk has gone bad.

012 상태변화동사 다음에 형용사의 비교급을 쓰면 '더 ~해지다'의 의미가 됩니다.

그는 더 이상해졌다. He became stranger.
날씨가 더 더워지고 있다. It's getting hotter.
그녀는 더 날씬해졌다. She got thinner.
그는 더 대담해졌다. He became bolder.

013 상태변화동사 다음에 형용사의 비교급을 두 번 쓰면 '점점 더 ~해지다'의 의미가 됩니다.

풍선이 점점 커지고 있었다. The balloon was getting bigger and bigger.
그를 이해하기가 점점 더 어려워졌다.
It became harder and harder to understand him.
그 요정은 점점 더 어려졌다. The fairy grew younger and younger.

1 이가 예민해졌다. (sensitive 예민한)

My teeth _____.

2 그를 보고 내 마음이 밝아졌다. (bright 밝은)

My mind _____ to see him.

3 그의 얼굴이 빨개졌다.

_____ turned _____.

4 다리에 감각이 없어졌다. (go numb 감각이 없어지다)

My legs have gone _____.

5 비 때문에 더 시원해졌다. (cool 시원한)

It _____ because of the rain.

6 나는 너무 늦어서 불안해졌다. (uneasy 불안한)

I _____ because _____.

7 그는 더 뚱뚱해졌다. (fat 살찐, 뚱뚱한)

He _____.

8 나는 운동 때문에 더 건강해졌다. (healthier 더 건강한)

_____.

9 나는 점점 더 나빠졌다. (worse 더 나쁜)

_____.

10 날씨가 점점 더 더워지고 있다. (hotter 더 더운)

_____.

 주변에 변화하고 있는 일이 있는지 살펴보고 그에 대한 이야기를 일기로 써보세요.

005 나는 축구를 좋아한다. 타동사 1

☑ **나의 영작실력은?**

❶ 나는 설거지하는 것을 싫어한다. → _____

❷ 나는 그가 나를 사랑한다고 생각한다. → _____

영어일기가 쉬워지는 영작패턴

영어문장에서 '~을/를'에 해당하는 말을 목적어라 하며 이런 목적어를 필요로 하는 동사를 타동사라고 부릅니다. 예를 들어 '나는 영어를 좋아한다.'라는 문장은 I like English.라고 표현하는데, 이때 English가 타동사 like의 목적어가 되는 것이지요.

목적어 자리에는 명사, 대명사, 부정사, 동명사, that절, 의문사절 등이 올 수 있습니다.

014　목적어가 명사나 대명사일 때

나는 축구를 좋아한다. I like soccer.
나는 그를 사랑한다. I love him.
나는 만화책을 싫어한다. I don't like comic books.

015　목적어가 부정사나 동명사일 때

나는 빨리 달리기를 원한다. I want to run fast.
나는 그에게 전화하는 것을 잊었다. I forgot to call him.
나는 수영하는 것을 좋아한다. I like swimming.
그와 이야기하는 것을 즐겼다. I enjoyed talking with him.

016　목적어가 that절이나 의문사절일 때

나는 그녀가 친절하다고 생각한다. I think that she is kind.
나는 그가 곧 오기를 바란다. I hope that he will come soon.
나는 그녀가 어디에 사는지 모른다. I don't know where she lives.
나는 언제 그가 여기에 왔는지 궁금했다. I wondered when he came here.

Chapter 01

1 우리는 방을 청소했다. (clean 청소하다)

We _____.

2 나는 등산하기를 좋아한다. (climbing mountains 등산하기)

I like _____.

3 우리 아버지는 담배를 끊으셨다. (smoke 담배 피다)

My dad stopped _____.

4 나는 매일 아침 머리를 감는다. (wash one's hair 머리 감다)

I _____ my _____ every morning.

5 나는 매일 건강을 위해 비타민제를 복용한다. (vitamin tablet 비타민제)

I take _____ for my health _____.

6 나는 그 동아리에 가입하기로 결정했다. (join 가입하다, club 동아리)

I _____.

7 일찍 돌아오겠다고 약속했다. (promise 약속하다, be back 돌아오다)

I _____ to _____.

8 나는 그것이 그의 잘못이라고 생각했다. (fault 잘못)

I thought that _____.

9 내가 무엇을 사야 할지 모르겠다. (what I should ~ 무엇을 ~해야 할지)

_____.

10 그는 내가 전화를 잘못 걸었다고 말했다. (have the wrong number 전화를 잘못 걸다)

_____.

 '~을/를'이 들어간 표현들을 이용하여 이야기를 꾸며보세요.

006 그와 결혼하고 싶다. 타동사2

☑ **나의 영작실력은?**

❶ 나는 서둘러 방에 들어갔다. → _____

❷ 나는 오늘 그와 데이트를 했다. → _____

영어일기가 쉬워지는 영작패턴

017 다음 동사들은 목적어를 취하는 타동사이기 때문에 전치사와 함께 쓰지 않습니다. 예를 들어 '우리는 그 문제에 대해 토론했다.'라는 문장을 영어로 옮길 경우 We discussed about the matter.라고 하기 쉽지만 이는 틀린 문장입니다. discuss가 타동사이기 때문에 전치사 about을 쓰지 않고 목적어 the matter를 직접 취하여 We discussed the matter.라고 해야 옳은 표현입니다. 영어식으로 해석하자면 '우리는 그 문제를 토론했다.'가 되는 것이지요.

혼동하기 쉬운 타동사로는 resemble(~와 닮다), reach(~에 이르다), enter(~에 들어가다), approach(~에 다가가다), greet(~에게 인사하다), mention(~에 대해 언급하다), date(~와 데이트하다), marry(~와 결혼하다), attend(~에 참석하다) 등이 있습니다.

그와 결혼하고 싶다.
I want to marry with him.(X) → I want to marry him.

나는 엄마와 닮았다.
I resemble with my mom.(X) → I resemble my mom.

우리는 일찍 공원에 도착했다.
We reached at the park early.(X) → We reached the park early.

조심스럽게 그에게 다가갔다.
I approached to him carefully.(X) → I approached him carefully.

정중히 선생님께 인사했다.
I greeted to the teacher politely.(X) → I greeted the teacher politely.

그 문제에 대해 언급하고 싶지 않다.
I don't want to mention about the problem.(X) → I don't want to mention the problem.

그 모임에 참석해야 한다.
I have to attend at the meeting.(X) → I have to attend the meeting.

1 우리는 그 새로운 계획에 대해서 토론할 것이다.

We will _____ the new plan.

2 우리는 엄마의 생신 파티에 대해서 토론했다.

We _____ our mother's _____.

3 나는 그를 만나기 위해 그 식당에 들어갔다. (restaurant 식당)

I _____ to meet him.

4 나는 목적지에 조금 늦게 도착했다. (destination 목적지)

I _____ a little late.

5 나는 경기장에 제시간에 도착했다. (stadium 경기장, on time 제시간에)

I _____ on time.

6 나는 너무 바빠서 그 모임에 참석할 수가 없었다.

_____ because _____.

7 한 낯선 사람이 나에게 접근했다. (stranger 낯선 사람)

_____.

8 나는 아빠보다 엄마를 더 많이 닮았다.

_____ more than my dad.

9 나는 그와 결혼할 것이다.

_____.

10 우리는 남의 약점에 대해서 언급하지 말아야 한다. (weakness 약점)

_____.

 혼동하기 쉬운 타동사를 이용하여 하나의 이야기를 써보세요.

007 그에게 이메일을 보냈다. 수여동사 1

☑ **나의 영작실력은?**

❶ 나는 동생에게 재미있는 이야기를 해주었다. → _____

❷ 나는 친구들에게 나의 큰 근육을 보여주었다. → _____

── **영어일기**가 쉬워지는 **영작패턴** ──

수여동사는 '~에게'라는 의미를 갖는 간접목적어와 '~을/를'이라는 의미의 직접목적어를 함께 취하는 동사입니다. 그래서 '~에게 …를 주다'라는 표현은「주어 + 동사 + 간접목적어 + 직접목적어」의 형태로 나타냅니다.
이런 형식의 수여동사에는 다음과 같은 동사들이 있습니다.

018 수여동사 1

give 주다 | show 보여주다 | teach 가르쳐주다 | send 보내주다 | tell 말해 주다 | lend 빌려주다

나는 그에게 이메일을 보냈다. I sent him an e-mail.
나는 그에게 책을 주었다. I gave him a book.
나는 친구들에게 내 사진을 보여주었다. I showed my friends my pictures.
그는 우리에게 영어를 가르친다. He teaches us English.
할머니는 나에게 이야기 하나를 들려주셨다. My grandma told me a story.
나는 그에게 펜을 빌려주었다. I lent him a pen.

019 수여동사 2

buy 사주다 | make 만들어주다 | find 찾아주다

아버지께서 나에게 자전거를 사주셨다. My dad bought me a bike.
엄마는 나에게 인형을 만들어주셨다. My mom made me a doll.
내가 그에게 좋은 책을 찾아주었다. I found him a good book.

020 수여동사 3

ask, inquire 묻다

나는 선생님에게 몇 가지 질문을 했다. I asked the teacher some questions.
나는 그가 언제 올지 친구에게 물어보았다. I inquired the friend when he would come.

Chapter 01

1 삼촌께서 나에게 멋진 셔츠를 보내주셨다. (send 보내다, shirt 셔츠)

My uncle sent _____.

2 나는 그에게 내 일기장을 보여주었다. (show 보여주다)

I _____ him _____.

3 나는 친구들에게 그 비밀을 말해 주었다. (secret 비밀)

I told _____.

4 아빠께서 나에게 수학을 가르쳐주셨다. (math 수학)

My dad taught _____.

5 그는 우리에게 웃기는 이야기를 자주 한다. (funny 웃기는, 재미있는)

He often tells _____.

6 나는 동생에게 책 한 권을 사주었다.

I _____.

7 나는 엄마께 커피를 타드렸다. (make ~ coffee ~에게 커피를 타주다)

I _____.

8 엄마는 우리에게 피자를 만들어주셨다. (pizza 피자)

My mom _____.

9 질문 하나 해도 될까요? (question 질문)

May I _____.

10 나는 선생님께 많은 질문을 했다.

_____.

 누구에게 선물을 주었거나 무언가를 빌려주었던 것, 또는 사주었던 것에 대해 일기로 써보세요.

008 여동생에게 인형을 만들어주었다. 수여동사2

☑ **나의 영작실력은?**

❶ 나는 그에게 길을 알려주었다. → _____

❷ 나는 나의 사랑 이야기를 그에게 말해 주었다.

→ _____

── **영어일기가 쉬워지는 영작패턴** ──

수여동사는 '~에게'에 해당하는 간접목적어가 '~을/를'에 해당하는 직접목적어 뒤에 올
수 있는데, 이때는 간접목적어 앞에 전치사 to, for, 또는 of를 써주어야 합니다.

021 **전치사 to를 쓰는 경우**

give 주다 | show 보여주다 | teach 가르쳐주다 | send 보내주다 | tell 말해 주다 | lend 빌려주다

아버지께서 나에게 용돈을 많이 주셨다.
My dad gave me a big allowance. → My dad gave a big allowance to me.

나는 그녀에게 사진을 보여주었다.
I showed her the picture. → I showed the picture to her.

그는 우리에게 일어를 가르쳐준다.
He teaches us Japanese. → He teaches Japanese to us.

022 **전치사 for를 쓰는 경우**

buy 사주다 | make 만들어주다 | find 찾아주다

나는 여동생에게 인형을 만들어주었다.
I made my sister a doll. → I made a doll for my sister.

엄마께서 나에게 휴대폰을 사주셨다.
My mom bought me a cell phone. → My mom bought a cell phone for me.

023 **전치사 of를 쓰는 경우**

ask, inquire 묻다

당신에게 질문 하나 해도 될까요?
May I ask you a question? → May I ask a question of you?

다음 문장의 간접목적어를 직접목적어 뒤로 보내 문장을 바꿔보세요.

1 삼촌께서 나에게 멋진 셔츠를 보내주셨다.

My uncle sent me a nice shirt. → _____

2 나는 그에게 내 일기장을 보여주었다.

I showed him my diary. → _____

3 나는 친구들에게 그 비밀을 말해 주었다.

I told my friend the secret. → _____

4 아빠께서 나에게 수학을 가르쳐주셨다.

My dad taught me math. → _____

5 그는 우리에게 웃기는 이야기를 자주 한다.

He often tells us funny stories. → _____

6 나는 동생에게 책 한 권을 사주었다.

I bought my brother a book. → _____

7 나는 엄마께 커피를 타드렸다.

I made my mom coffee. → _____

8 엄마는 우리에게 피자를 만들어주셨다.

My mom made us pizza. → _____

9 질문 하나 해도 될까요?

May I ask you a question? → _____

10 나는 선생님께 많은 질문을 했다.

I asked the teacher many questions. → _____

 친구에게 보여주었거나 만들어주었던 것들에 대한 이야기를 일기로 써보세요.

009 내 친구들은 나를 천재라고 부른다. 목적보어

☑ **나의 영작실력은?**

❶ 우리 부모님은 나를 공주님이라고 부르신다. → _____

❷ 그가 나를 행복하게 해주었다.

   → _____

영어일기가 쉬워지는 영작패턴

'~를 …하게 하다, ~를 …라고 생각하다' 등의 표현은 주어와 동사, 그리고 목적어와 목적어를 보충설명하는 목적보어의 형태로 나타냅니다. 이렇게 목적어와 목적보어를 갖는 타동사에는 find, think, make, believe, call, choose, want, encourage, advise, allow, expect 등이 있으며, 목적보어로는 명사나 형용사, to부정사 등이 올 수 있습니다.

024 목적보어로 명사가 오는 동사는 call, make, choose 등이 있습니다.

내 친구들은 나를 천재라고 부른다. My friends call me a genius.
그녀는 그를 의사로 만들었다. She made him a doctor.
우리는 그를 반장으로 선출했다. We chose him president of our class.

025 목적보어로 형용사가 오는 동사는 make, believe, find, think 등이 있습니다.

그는 나를 슬프게 했다. He made me sad.
나는 방이 더럽다고 생각했다. I found the room dirty.

026 목적보어로 to부정사가 오는 동사는 believe, want, ask, encourage, advise, allow, expect, warn 등이 있습니다.

우리는 그가 정직하다고 믿는다. We believe him to be honest.
나는 그가 파티에 참석하기를 원한다. I want him to join the party.
그는 나에게 더 열심히 공부하라고 충고했다. He advised me to work harder.
나는 동생에게 내 컴퓨터를 사용하라고 허락했다.
I allowed my brother to use my computer.

1 그들은 그를 훌륭한 코미디언으로 만들었다. (comedian 코미디언)

They _____ him _____.

2 우리는 그를 터프 가이라고 불렀다. (tough guy 터프 가이)

We called _____.

3 우리는 그를 우리 클럽의 회장으로 선출했다. (choose 선출하다, chairman 회장)

We _____ chairman of our club.

4 나는 그가 정직하다고 생각했다. (honest 정직한)

I thought _____.

5 나는 그가 분별력이 있으리라고 믿었다. (believe 믿다, sensible 분별력 있는)

I _____.

6 동생이 옷을 더럽게 만들었다. (dirty 더러운)

My brother _____.

7 그 소식은 나를 행복하게 했다.

_____.

8 우리 부모님은 내가 변호사가 되기를 바라신다. (lawyer 변호사)

_____.

9 우리 부모님은 내가 최선을 다하도록 격려해 주신다. (do one's best 최선을 다하다)

_____.

10 의사선생님께서 나에게 좀 쉬라고 조언해 주셨다. (relax 긴장을 풀다)

_____.

 내가 어떻게 불리는지, 또 나는 주변 사람들을 어떻게 부르고 어떻게 생각하는지에 대해 일기를 써보세요.

010 그가 달려가는 것을 보았다. 지각동사

☑ **나의 영작실력은?**

❶ 나는 누군가가 고함치는 소리를 들었다. → _____

❷ 많은 사람들이 내가 넘어지는 것을 보았다. → _____

영어일기가 쉬워지는 **영작패턴** ──────

감각을 나타내는 동사인 see, look at(보다), watch(지켜보다), hear(듣다), listen to(귀기울여 듣다), feel(느끼다), smell(냄새 맡다) 등은 '~가 …하는 것을 -하다'의 표현을 나타낼 때 「주어 + 감각동사 + 목적어 + 동사원형/현재분사(-ing)/과거분사」의 형태로 나타냅니다.

027 목적어와 동사의 관계가 능동일 경우 목적보어로 동사원형이 옵니다.

동생이 우는 소리를 들었다. I heard my brother cry.
누군가 나를 건드리는 것을 느꼈다. I felt someone touch me.
나는 그가 달려가는 것을 보았다. I saw him run.
원숭이들이 사람처럼 행동하는 것을 지켜보았다. I watched monkeys act like humans.

028 목적어와 동사의 관계가 능동이면서 진행되고 있는 경우 목적보어로 현재분사가 옵니다.

그가 피아노 치고 있는 것을 보았다. I saw him playing the piano.
그들이 집으로 들어가고 있는 것을 보았다. I saw them going into the house.
뭔가 타고 있는 냄새를 맡았다. I smelled something burning.

029 목적어와 동사의 관계가 수동인 경우 목적보어로 과거분사가 옵니다.

나는 내 이름이 불리는 것을 들었다. I heard my name called.
누군가 내 팔을 건드리는 것을 느꼈다. I felt my arm touched.

1 나는 초인종이 울리는 소리를 들었다. (doorbell 초인종, ring 울리다)

I heard _____ ring.

2 나는 기차가 움직이는 것을 느꼈다. (move 움직이다)

I felt _____ .

3 그들은 내가 컴퓨터게임 하는 것을 지켜보았다. (watch 지켜보다)

They _____ play computer games.

4 나는 그가 노래하고 있는 것을 귀기울여 들었다.

I listened to _____ .

5 나는 그녀가 요가하고 있는 것을 보았다. (do yoga 요가하다)

_____ .

6 나는 창문이 깨지는 소리를 들었다. (break 깨지다)

_____ .

7 나는 새 한 마리가 덫에 걸리는 것을 보았다. (trap 덫을 놓다)

_____ .

8 나는 잎들이 떨어지는 것을 볼 때 공허한 느낌이 들었다. (empty 공허한)

_____ when I saw _____ .

9 누군가가 내 소매를 끌어당기는 느낌이 들었다. (pull 끌어당기다, sleeve 소매)

_____ by the sleeves.

10 나는 그녀가 웃는 것을 한 번도 본 적이 없다.

_____ .

 감각으로 느꼈던 것을 여러 가지 형태의 목적보어를 사용하여 표현해 보세요.

011 나에게 설거지를 시켰다. 사역동사

☑ **나의 영작실력은?**

❶ 그는 나를 두 시간 동안 기다리게 했다. → _____

❷ 그의 이야기가 나를 울렸다. → _____

영어일기가 쉬워지는 영작패턴

'~에게 …하도록 하다/시키다'의 의미를 가진 동사를 사역동사라고 하는데, make, have, let 등이 이에 속합니다. 사역동사는 목적어와 동사의 관계에 따라 목적보어로 동사원형이나 과거분사를 씁니다. make는 강제성을 띤 경우가 많으며, have는 요구, 요청, let은 허락의 의미로 주로 사용됩니다.

030 목적어와 동사의 관계가 능동이며 주로 목적어가 사람일 경우 목적보어로 동사원형이 옵니다.

엄마는 나에게 설거지를 시키셨다. My mom had me wash the dishes.
그들은 나를 거기에 가게 했다. They made me go there.
그들은 내게 그를 돕게 했다. They made me help him.
그들은 우리를 일찍 잠자리에 들도록 했다. They made us go to bed early.
선생님께서 우리를 웃겼다. The teacher made us laugh.
엄마는 나에게 그것을 옮기게 하셨다. My mom had me move it.
나는 그가 그의 엄마에게 전화하도록 했다. I had him call his mom.
나는 동생에게 내 휴대폰을 쓰게 했다. I let my brother use my cell phone.
나는 엄마가 그것에 대해 아시도록 해드렸다. I let my mom know about it.

031 목적어와 동사의 관계가 수동이며 주로 목적어가 사물일 경우 목적보어로 과거분사가 옵니다.

머리를 깎았다(머리가 깎이도록 했다). I had my hair cut.
머리를 염색했다(머리가 염색되도록 했다). I had my hair dyed.
시계를 도난당했다. I had my watch stolen.
그에게 내 라디오를 고치게 했다. I had my radio repaired by him.

1 우울한 영화는 항상 날 울게 만든다. (gloomy 우울한)

Gloomy movies always make _____.

2 그 소식이 나를 기분 좋게 만들었다. (feel good 기분이 좋다)

The news _____.

3 엄마는 나를 집에 있게 하셨다. (stay at home 집에 머물다)

My mom _____.

4 그의 조언은 내 문제에 대해 다시 생각하게 했다. (think about ~에 대해 생각하다)

His advice _____ my problem again.

5 나는 그에게 그것을 가능한 한 일찍 끝내라고 했다. (as soon as possible 가능한 한 일찍)

I had him _____.

6 나는 아이들에게 나가 놀라고 했다. (go out to play 나가놀다)

I _____.

7 그 웨이터에게 물을 가져오라고 시켰다. (bring 가져오다)

I _____.

8 엄마는 나에게 TV를 못 보게 하셨다.

_____.

9 나 좀 가게 해주세요!

_____!

10 부모님께서 나에게 혼자 여행하도록 해주셨다. (travel 여행하다, alone 혼자)

_____.

 다른 사람에게 일을 시켜본 경험, 또는 다른 사람이 시킨 일을 한 경험을 일기로 써보세요.

모범일기 01

Singing room

Cloudy, Monday, 25 July

Today, the weather was very erratic. I was gloomy and it might have been because of the weather. I wanted to change my mood, so I suggested to my friends to go to a singing room. They agreed to my suggestion. When we entered, a tall man approached us. I didn't know who he was at first. After he said his name, I could remember him. A few years ago, we called him 'little boy' because he was very short. Now he is much taller than I. Also, he became nicer. We were so glad to see him. We sang together. He made me sing several times. Even though I am not good at singing, I sang passionately. We had a great time, singing and dancing merrily together.

노래방

오늘은 날씨가 참 변덕스러웠다. 기분이 우울했는데 그것은 아마 날씨 때문인 것 같았다. 나는 기분전환을 하고 싶었다. 그래서 친구들에게 노래방에 가자고 제안했다. 그들은 나의 제안에 동의했다. 우리가 노래방에 들어가려는데, 어떤 키 큰 사람이 우리에게 다가왔다. 처음에는 누구인지 몰랐다. 그가 그의 이름을 말한 후에야 기억이 났다. 몇 년 전에 그는 키가 매우 작아서 우리는 그를 '리틀 보이'라고 불렀었다. 그런데 지금은 나보다 키가 훨씬 더 컸고 또한 더 멋있어졌다. 우리는 그를 만나서 매우 반가웠다. 우리는 함께 노래를 불렀다. 그는 나에게 노래를 몇 번 시켰다. 나는 노래를 못 부르지만 열창을 했다. 우리는 함께 춤도 추고 노래도 부르며 즐거운 시간을 보냈다.

erratic 일정하지 않은, 변하기 쉬운 | **gloomy** 우울한 | **mood** 기분 | **suggest** 제안하다 | **suggestion** 제안 | **approach** ~에 가까이 가다 | **at first** 처음에는 | **several times** 여러 번 | **even though** 비록 ~일지라도 | **be good at** ~을 잘하다 | **passionately** 열정적으로 | **merrily** 즐겁게

PART I
영작을 위한 기본

012 매일 아침 조깅을 한다. 현재

☑ **나의 영작실력은?**

❶ 나는 신 음식을 싫어한다. → _____

❷ 내일 비가 오면 나는 친구들을 만나지 않을 것이다.

　→ _____

영어일기가 쉬워지는 영작패턴

032 현재시제는 현재 일어나고 있는 일이나 변하지 않는 사실, 그리고 습관적이고 반복적인 일을 나타낼 때 사용합니다.

> 나는 매일 아침 조깅을 한다. I jog every morning.
> 지금 비가 온다. It rains now.
> 지구는 태양 주위를 돈다. The earth moves around the sun.
> 그 도서관은 9시에 문을 연다. The library opens at 9 o'clock.
> 나는 일주일에 한 번 영화를 보러 간다. I go to a movie once a week.

033 go, come, start, depart, leave, arrive 등과 같이 '가고 오고 출발하고 도착하는' 의미의 왕래발착동사가 tomorrow, next week 등과 같이 미래를 나타내는 말과 함께 쓰일 때는 현재시제를 사용합니다.

> 내 친구들이 내일 우리 집에 올 것이다. My friends come to my house tomorrow.
> 우리는 다음 주말에 서울로 떠날 것이다. We leave for Seoul next weekend.

034 시간(when, while, as, as soon as, until 등)이나 조건(if, unless 등)을 나타내는 부사절에서는 미래시제 대신 현재시제로 표현합니다.

> 그를 만나면 이유를 물어볼 것이다. I will ask the reason when I meet him.
> 그가 올 때까지 여기서 기다릴 것이다. I will wait here until he comes.
> 아프면 저에게 말씀해 주세요. Please tell me if it hurts.
> 내일 그가 오면 쇼핑하러 갈 것이다. We will go shopping if he comes tomorrow.
> 세게 밀지 않으면 그 문은 열리지 않을 것이다.
> The door won't open unless we push it hard.

1 나는 매운 음식을 좋아한다. (hot 매운, 뜨거운)

I _____ hot food.

2 정직이 최선의 방책이다. (the best policy 최선의 방책)

Honesty _____ .

3 나는 매일 아침 늦게 일어난다. (get up 일어나다)

I _____ every morning.

4 나는 항상 차에 설탕을 넣는다. (take sugar 설탕을 넣다)

I _____ in my tea.

5 나는 실수를 자주 한다. (make mistakes 실수하다)

I often _____ .

6 우리는 다음 달에 영국으로 떠날 것이다. (leave for ~로 떠나다)

We _____ next month.

7 내일 날씨가 흐리면 집에 있을 것이다. (stay at home 집에 머물다)

If _____ , I'll _____ .

8 그가 나에게 먼저 사과할 때까지 그에게 말하지 않을 것이다. (apologize 사과하다)

_____ until _____ .

9 그 일을 마치자마자 나는 놀이공원에 갈 것이다. (amusement park 놀이공원)

As soon as _____ , I'll _____ .

10 그가 진실을 말하지 않으면 나는 다시는 그를 만나지 않을 것이다. (truth 진실)

Unless _____ , _____ .

 현재 주변에서 일어나는 일들을 현재시제를 사용하여 일기로 써보세요.

013 어제는 눈이 왔다. 과거

☑ **나의 영작실력은?**

❶ 오늘 아침에 나는 계단에서 넘어졌다. → _____

❷ 나는 너무 창피했다. → _____

── **영어일기**가 쉬워지는 **영작패턴** ──

035 **동사의 과거형 :** 대부분의 과거동사는 동사원형에 -ed를 붙여 만들지만, 그렇지 않은 불규칙동사들은 꼭 암기해야 합니다.

-e로 끝나는 동사는 -d만 붙입니다.

love → loved, live → lived 등

「자음 + y」로 끝나면 y를 i로 고치고 -ed를 붙입니다.

carry → carried, try → tried 등

「짧은 모음 + 자음」으로 끝나면 자음을 한 번 더 쓰고 -ed를 붙입니다.

drop → dropped, stop → stopped 등

불규칙동사

go → went, come → came, fight → fought, meet → met, swim → swam, see → saw, leave → left, feel → felt, lose → lost 등

036 과거시제는 어느 한 시점에서 일어난 과거의 일이나 과거의 습관적이고 반복적인 일 등을 나타낼 때 사용합니다.

어제는 눈이 왔다. It snowed yesterday.
한 시간 동안 줄 서 있었다. I stood in line for an hour.
줄을 서서 기다렸다. I waited in line.
어떤 사람이 새치기를 했다. Someone cut in line.
우연히 친구를 만났다. I met my friend by accident.
나는 아침마다 줄넘기를 했다. I skipped rope every morning.

037 과거의 역사적 사실은 과거시제로 나타냅니다.

한국전쟁은 1950년에 발발했다. The Korean war broke out in 1950.
닐 암스트롱이 1969년에 달에 착륙했다. Neil Armstrong landed on the moon in 1969.

1 우리 가족은 어제 외식을 했다. (eat out 외식하다)

My family _____ yesterday.

2 나는 지난주에 백화점에서 쇼핑을 했다. (department store 백화점, last week 지난주에)

I did the shopping in the _____.

3 백화점은 매우 붐볐다. (crowded 붐비는)

_____.

4 나는 바지 한 벌을 샀다. (a pair of 한 벌의)

I _____.

5 나는 그냥 둘러보기만 했다. (look around 둘러보다)

I just _____.

6 나는 저녁에 매우 피곤했다.

_____ in the evening.

7 나는 지난 일요일에 형과 테니스를 쳤다. (play tennis 테니스를 치다, Sunday 일요일)

_____.

8 오늘 아침에 나는 기분이 좋았다. (be in a good mood 기분이 좋다)

_____.

9 콜럼버스가 1492년에 미국을 발견했다. (discover 발견하다)

Columbus _____.

10 제 2차 세계대전은 1939년에 일어났다. (World War II 제 2차 세계대전)

_____.

 꼭 기억하고 싶은 지난 일들을 회상하면서 과거시제를 사용하여 일기를 써보세요.

014 샤워를 하고 있었다. 진행형

❶ 나는 그에게 전화를 하고 있었다. → _____

❷ 그는 춤을 추고 있었다. → _____

영어일기가 쉬워지는 영작패턴

038 진행중인 동작이나 계속되는 상황을 표현할 때 진행형을 쓰며, 「be동사 + 현재분사 (-ing)」의 형태로 나타냅니다. 시제에 따라 현재진행형, 과거진행형, 미래진행형이 있습니다.

> 현재진행형(~하는 중이다, ~하고 있다) : am/are/is + -ing
> 과거진행형(~하고 있는 중이었다, ~하고 있었다) : was/were + -ing
> 미래진행형(~하고 있는 중일 것이다) : will be + -ing

나는 샤워를 하고 있었다. I was taking a shower.
우리는 TV를 보고 있는 중이다. We are watching TV.
오늘밤 나는 영어공부를 하고 있을 것이다. I will be studying English tonight.

039 명확한 계획이나 이미 예정된 일을 표현할 때는 미래를 나타내는 말과 함께 쓰여 진행형의 형태로 가까운 미래를 나타내기도 합니다.

내일 대전을 떠날 것이다. I am leaving Daejeon tomorrow.
오늘 저녁에 그를 만날 것이다. I am meeting him this evening.
다음 주에 프랑스로 비행기를 타고 갈 것이다. I am flying to France next week.

040 have, know, like, love, dislike, hate, belong to 등과 같이 계속적인 상태, 인지, 소유를 나타내는 동사들은 진행형을 쓸 수 없습니다.

나는 새 컴퓨터를 가지고 있다.
I am having a new computer.(X) → I have a new computer.
나는 그녀를 사랑하고 있다. I am loving her.(X) → I love her.
나는 그 진실을 알고 있었다. I was knowing the truth.(X) → I knew the truth.

1 밖에는 비가 오고 있다. (outside 밖에)

It is _____.

2 나는 요즈음 피아노 레슨을 받고 있다. (take piano lesson 피아노 레슨을 받다, these days 요즈음)

I am _____ these days.

3 나는 공원에서 산책을 하고 있었다. (take a walk 산책하다)

I was _____ in the park.

4 나는 휴대폰으로 통화를 하고 있었다. (talk on the cell phone 휴대폰으로 통화하다)

I was _____.

5 나는 친구들을 기다리고 있었다. (wait for ~를 기다리다)

_____.

6 나는 친구들과 수다를 떨고 있었다. (chitchat 수다 떨다)

I _____.

7 그는 화난 목소리로 소리를 지르고 있었다. (shout 소리 지르다)

He _____ with an angry voice.

8 내일 아침이면 나는 웃고 있을 것이다. (laugh 웃다)

_____.

9 나는 내일 할머니 댁을 방문할 것이다. (visit 방문하다)

_____.

10 나는 오늘밤에 그와 영화를 보러 갈 것이다.

_____.

Chapter 02

 지금 진행되고 있는 일, 과거에 진행되고 있었던 일, 그리고 미래에 진행되고 있을 일들을 일기로 써보세요.

43

015 지금 막 도착했다. 현재완료

☑ 나의 영작실력은?

❶ 나는 그 잡지를 두 번 읽어보았다. → _____

❷ 내가 어릴 때부터 우리 엄마는 편찮으셨다.

　→ _____

영어일기가 쉬워지는 영작패턴

현재완료는 과거에서 현재에 이르기까지 일어난 일을 나타낼 때 사용하며 「have/has + 과거분사」의 형태로 씁니다.

041 과거에 시작된 행동이 지금 막 완료된 경우, just(지금 막), already(이미, 벌써), not yet(아직 ~ 않다) 등과 함께 쓰여 '지금 막 ~했다, 아직 ~ 않았다'의 의미를 갖습니다.

　　우리는 지금 막 도착했다. We've just arrived.
　　그들은 아직 도착하지 않았다. They haven't arrived yet.

042 과거에서 현재까지의 경험을 나타낼 때, never(한 번도 ~ 않다), once(한 번), twice(두 번), ~ times(~번), before(이전에) 등과 함께 쓰여 '~한 적이 있다'의 의미를 나타냅니다.

　　나는 그가 우는 것을 본 적이 없다. I've never seen him cry.
　　나는 그 물건을 전에 사용해 본 적이 있다. I've used the item before.

043 과거에서 현재까지 계속적으로 일어난 동작이나 상태를 나타낼 때, for(~ 동안), since(~ 이래) 등과 함께 쓰여 '계속 ~해왔다'의 의미를 갖습니다.

　　나는 10년 동안 계속 서울에서 살았다. I've been in Seoul for ten years.
　　나는 오랫동안 계속 그를 알고 있었다. I've known him for a long time.

044 과거의 일로 인해 현재 어떤 결과가 남아 있을 경우를 나타낼 때 즉, 과거의 일이 현재까지 영향을 끼치는 경우를 나타냅니다.

　　나는 지갑을 잃어버렸다.(그래서 지금 지갑이 없다.) I've lost my wallet.
　　그는 산책하러 나갔다.(그래서 지금 집에 없다.) He has gone out for a walk.

1 내 동생은 벌써 잠자리에 들었다. (go to bed 잠자리에 들다)

My brother has already _____.

2 아빠는 아직 집에 돌아오시지 않았다. (come home 집에 돌아오다, yet 아직)

My dad has not _____.

3 나는 지금 막 보고서를 끝냈다. (just 지금 막, report 보고서)

I _____ just _____.

4 나는 골프를 쳐본 적이 없다. (play golf 골프 치다)

I _____ never _____.

5 나는 그를 세 번 만났다. (three times 세 번)

I _____.

6 그는 서울로 가버리고 지금 없다.

He _____.

7 나는 시계를 잃어버려서 지금 시계가 없다. (lose 잃어버리다)

_____.

8 그들은 결혼한 지 10년이 되었다. (marry ~와 결혼하다)

_____ for ten years.

9 나는 오늘 아침부터 계속 배가 아팠다. (stomachache 복통, since ~ 이래로)

_____.

10 나는 그가 다른 사람을 욕하는 걸 들어본 적이 없다. (speak ill of ~를 욕하다)

_____.

 현재완료를 사용하여 표현할 수 있는 일들로 일기를 써보세요.

016 2년 전에 서울에 살았다. 과거 vs. 현재완료

☑ 나의 영작실력은?

❶ 우리는 지난주에 그 연극을 준비했다. → _____

❷ 그 연극을 위해 우리는 한 달 동안 준비했다.

　→ _____

영어일기가 쉬워지는 영작패턴

045 ago(~ 전에), yesterday(어제), last year(작년), then(그때), just now(지금 바로), 「in + 연도」(~년에), when(언제) 등처럼 과거를 명확히 나타낼 경우는 현재완료를 쓰지 않습니다.

그는 10분 전에 나갔다. He went out ten minutes ago.
그는 어제 나갔다. He went out yesterday.
그는 지난주에 나갔다. He went out last week.
그는 2005년에 나갔다. He went out in 2005.

046 과거의 일로, 현재 상황과 아무런 연계가 되지 않을 경우는 과거시제를 써야 합니다.

나는 2년 전에 서울에 살았다.(과거에 살았던 사실만 이야기함)
I lived in Seoul two years ago.
cf. 나는 2년 동안 서울에 살았다.(과거부터 지금까지 살고 있음)
I've lived in Seoul for two years.

10년 전에 영어를 배웠다.(영어를 배웠던 사실만 이야기함)
I learned English ten years ago.
cf. 10년 동안 영어를 배웠다.(지금까지 영어를 배우고 있음)
I have learned English for ten years.

그는 5일 전에 나갔다.(5일 전에 나간 사실만 이야기함)
He went out five days ago.
cf. 그는 나갔다.(그래서 지금 이곳에 없다.)
He has gone out.

Chapter 02

1 그는 여기에 언제 도착했니? (arrive 도착하다)

When _____ ?

2 그는 방금 전에 여기에 도착했다. (a few minutes ago 방금 전에)

He _____ .

3 너는 영국에 얼마 동안 있었니? (how long 얼마 동안)

How long have you _____ ?

4 나는 3년 동안 영국에 살았다.

I have _____ .

5 나는 어제 MP3 플레이어를 잃어버렸다. (MP3 player MP3 플레이어)

I _____ yesterday.

6 나는 지갑을 잃어버려서 지금 지갑이 없다. (wallet 지갑)

I have _____ .

7 나는 어제 그 책 읽는 것을 끝냈다. (finish -ing ~하는 것을 끝내다)

_____ .

8 나는 지금 막 그 책 읽는 것을 끝냈다.

_____ .

9 나는 어제 결석을 했다. (absent 결석한)

_____ .

10 나는 지난 3년간 하루도 결석하지 않았다.

_____ .

 과거와 현재완료를 구분하여 과거의 일, 그리고 지금껏 지속되는 일을 써보세요.

017 콘서트에 다녀왔다. `have been to vs. have gone to`

☑ **나의 영작실력은?**

❶ 나는 일본에 다녀왔다. → _____

❷ 나는 뮤지컬에 한 번 가본 적이 있다. → _____

┌─ **영어일기가 쉬워지는 영작패턴** ─────────────────────────

047 have been to는 '~에 다녀왔다', have been in/at은 '~에 (계속) 있었다'라는 의미를 나타냅니다.

지금 막 그 콘서트에 다녀왔다. I've just **been to** the concert.
나도 벌써 그 콘서트에 다녀왔다. I've already **been to** the concert, too.
나는 두 달 동안 영국에 있었다. I have **been in** England for two months.
나는 한 시간 동안 도서관에 있었다. I have **been in** the library for one hour.

048 '~에 가본 적이 있다'는 have been to, '~에 (한 번도) 가본 적이 없다'는 have never been to로 표현합니다.

나는 그런 콘서트에 여러 번 가본 적이 있다.
I've **been to** the concerts like that several times.
나는 디즈니랜드에 가본 적이 있다. I've **been to** Disneyland.
나는 한 번도 제주도에 가본 적이 없다. I've **never been to** Jeju island.
나는 놀이공원에 가본 적이 없다. I've **never been to** an amusement park.

049 have gone to는 '~에 가고 없다'라는 의미로, 주어가 1, 2인칭일 때 사용하면 대화 중인 사람이 가고 없다는 의미가 되므로 1, 2인칭에는 사용하지 않고, 3인칭의 주어가 '~에 가버리고 지금 이 자리에 없다'라는 의미를 표현할 때 사용됩니다.

그는 해외로 가버렸다. He **has gone** abroad. (abroad는 부사이므로 전치사 to를 쓰지 않음)
그들은 비밀리에 미국으로 가버렸다. They **have gone to** America secretly.

└──

Chapter 02

1 나는 지금 막 노래방에 다녀왔다. (singing room 노래방)

I've just _____ the singing room.

2 나는 이미 학원에 다녀왔다. (academy 학원)

I've already _____ the academy.

3 나는 세계에서 가장 큰 박물관에 다녀왔다. (biggest museum 가장 큰 박물관)

I've _____ in the world.

4 우리는 이모 댁에서 한 달 동안 있었다. (aunt's house 이모 댁)

We have _____ for a month.

5 나는 운동을 하려고 체육관에 한 시간 동안 있었다. (gym 체육관, exercise 운동하다)

_____ for an hour.

6 나는 중국에 두 번 가본 적이 있다. (China 중국, twice 두 번)

_____.

7 나는 그의 콘서트에 한 번 가본 적이 있다. (concert 콘서트, once 한 번)

_____.

8 나는 한 번도 동굴에 가본 적이 없다. (cave 동굴)

_____.

9 그는 서울에 가고 없다.

_____.

10 우리 형은 영어를 공부하러 미국에 가서 지금 없다.

_____.

 지금껏 다녀온 곳에 대한 이야기를 일기로 써보세요.

☑ **나의 영작실력은?**

❶ 두 시간 동안 그가 오기를 기다리고 있었다.

→ _____

❷ 나는 살을 빼려고 1년간 계속 운동을 하고 있다.

→ _____

영어일기가 쉬워지는 영작패턴

현재완료 진행형은 과거에서 시작해 현재까지도 계속 진행되는 '동작'을 표현할 때 사용하며 「have/has been + 현재분사(-ing)」의 형태로 표현합니다. 현재완료보다 진행의 의미가 더 많으므로 쓰임의 구분에 주의해야 합니다.

050 과거부터 지금까지의 '상태의 계속'을 나타낼 때는 현재완료(have/has + 과거분사)로 표현합니다.

> 나는 어릴 때부터 그를 알고 있었다.
> I've been knowing him since I was a child.(X)
> I've known him since I was a child.

051 과거부터 지금까지의 '동작의 계속'을 나타낼 때는 현재완료진행형(have/has been + 현재분사)으로 표현합니다.

> 5년 동안 영어를 공부해왔다. I've been studying English for five years.
> 4시부터 TV를 보고 있다. I've been watching TV since four o'clock.
> 그를 3시간 동안 기다리고 있다. I've been waiting for him for three hours.
> 하루 온종일 비가 내리고 있다. It's been raining all day.
>
> 나는 10년간 이곳에서 계속 살고 있다. I've been living here for ten years.
> (현재완료보다 진행의 의미가 더 많음)
> cf. 나는 10년간 이곳에서 살았다. I've lived here for ten years.

1 그는 매우 열심히 일해오고 있다. (hard 열심히)

He has been _____.

2 우리는 몇 년 동안 그 문제를 의논해왔다. (discuss 의논하다, matter 문제)

We have _____ for a few years.

3 나는 살을 빼려고 요가를 계속 해오고 있다. (do yoga 요가하다, lose weight 살을 빼다)

I _____ to lose weight.

4 삼촌이 나에게 영어를 계속 가르쳐주시고 계신다. (teach 가르치다)

My uncle _____ me English.

5 내 동생은 하루 종일 TV를 보고 있다. (all day 하루 종일)

My brother _____ all day.

6 나는 8살 때부터 피아노 레슨을 받아왔다. (take ~ lessons ~ 레슨을 받다)

I _____ since I was eight.

7 그는 하루 종일 편지를 쓰고 있다. (write letters 편지 쓰다)

_____.

8 나는 그 CD 플레이어를 지금도 사용하고 있다. (CD player CD 플레이어)

_____.

9 나는 요즈음 너무 많이 먹고 있다. (too much 너무 많이, recently 요즈음)

_____.

10 그는 하루 온종일 차를 고치고 있다. (fix 고치다)

_____.

 과거부터 지금까지 진행되고 있는 일들에 대해 일기로 써보세요.

019 운동을 열심히 할 것이다. 미래

☑ **나의 영작실력은?**

❶ 내 남자친구가 오늘 저녁에 나를 보러 올 것이다.

→ _____

❷ 내가 막 진실을 이야기하려던 참이었다. → _____

⎯ **영어일기**가 쉬워지는 **영작패턴** ⎯

052 미래를 나타내기 위해서는 조동사 will을 사용하여 '~할 작정이다, ~할 것이다'의 의미를 표현하기도 하며, 「be going to + 동사원형」의 구문으로 '~할 예정이다, ~하려고 한다'를 표현하기도 합니다.

나는 올해 운동을 열심히 할 것이다. I will work out hard this year.
우리 가족은 주말여행을 갈 것이다. My family will go on a weekend trip.
오늘은 내가 식사비를 내려고 했다. Today I was going to foot the bill.
곧 비가 올 것 같았다. It was going to rain soon.

053 왕래발착동사(come, go, start, leave, arrive)는 미래를 나타내는 부사(구)와 함께 쓰여 현재형이나 현재진행형으로 확정된 미래를 표현할 수 있습니다.

우리는 내일 아침에 출발할 것이다. We start tomorrow morning.
나는 내일 서울로 떠날 것이다. I am leaving for Seoul tomorrow.

054 「be to + 동사원형」의 구문으로 '~할 예정이다'의 의미를 나타낼 수 있으며, '막 ~하려고 하다, 막 ~하려던 참이다'는 「be about to + 동사원형」으로 표현합니다.

나는 오늘 발표를 할 예정이었다. I was to make a presentation today.
우리는 오늘밤 여섯 시에 만날 예정이다. We are to meet at six tonight.
막 외출을 하려던 참이었다. I was about to go out.
그에게 막 전화를 하려고 하는데, 초인종이 울렸다.
When I was about to call him, the doorbell rang.

1 영어에 정통하기 위해서 최선을 다할 것이다. (do one's best 최선을 다하다, master 정통하다)

_____ to master English.

2 나는 이제부터 봉사활동을 많이 할 것이다. (volunteer 봉사활동하다)

_____ a lot from now on.

3 나는 내 꿈이 실현되기를 바란다. (hope 바라다, come true 실현되다)

I hope my dream _____.

4 오늘 오후에 그와 테니스를 칠 것이다. (this afternoon 오늘 오후에)

I am _____.

5 곧 그에게 진실을 말하려고 한다. (tell ~ the truth ~에게 진실을 말하다)

I am _____ him _____ soon.

6 우리는 내일 제주도로 떠날 것이다. (leave for ~로 떠나다, Jeju Island 제주도)

We are _____ tomorrow.

7 그가 오늘 저녁에 도착할 예정이다. (arrive 도착하다)

He is to _____.

8 나는 오늘 친구들과 쇼핑을 갈 예정이었다. (be to ~할 예정이다)

I was _____.

9 막 저녁을 먹으려던 참이었다. (be about to 막 ~하려고 하다)

_____.

10 막 그에게 사과를 하려던 참이었다. (apologize to ~에게 사과하다)

_____.

 미래에 어떤 일을 하려고 하는지, 그에 대한 이야기를 일기로 써보세요.

020 아버지가 사주신 지갑을 잃어버렸다. 과거완료

☑ **나의 영작실력은?**

❶ 나는 전에 그를 본 적이 있기 때문에 즉시 알아봤다.

→ _____

❷ 내가 지갑을 열었을 때 돈이 사라지고 없었다.

→ _____

영어일기가 쉬워지는 영작패턴

055 현재완료가 과거에서 현재까지 이루어지는 동작과 상태를 나타내는 것에 비해, 과거완료는 대과거(과거 이전의 시점)에서 과거까지의 '완료, 경험, 결과, 계속'을 나타내는 문장을 표현하는 것으로 「had + 과거분사」의 형태로 나타냅니다.

> ·········· 대과거 ·········· 과거 ·········· 현재 ··········
> └─ 과거완료 ─┘└─ 현재완료 ─┘

완료 그가 왔을 때 나는 그 소설을 다 읽었다.
I had finished reading the novel when he came.

경험 나는 15살이 되기 전에 해외에 가본 적이 없었다.
I had never been abroad before I was 15.

결과 나는 지갑을 잃어버렸다는 것을 알게 되었다.
I found that I had lost my wallet.

그녀가 미국으로 가버렸다는 것을 알게 되었다.
I found that she had gone to America.

계속 내가 돌아왔을 때 그는 일주일 동안 아파 누워 있었다.
He had been ill in bed for a week when I came back.

056 과거 이전의 사실, 즉 대과거의 일을 나타낼 때도 과거완료형을 씁니다.

나는 아버지가 작년에 사주신 지갑을 잃어버렸다.
I lost my wallet that my dad had bought last year.

뜨거운 물을 조금 마신 후 몸이 나아졌다.
After I had drunk some hot water, I felt better.

나는 삼촌이 만들어주신 책상을 좋아했다.
I liked the desk that my uncle had made for me.

1 나는 스무 살이 되기 전에 그 책을 두 번 읽었다. (twice 두 번)

   I had _____ before I was 20.

2 내가 역에 도착했을 때 기차는 벌써 떠났다. (station 역)

   The train _____ when I got to the station.

3 그가 왔을 때 나는 점심을 다 먹고 있었다. (lunch 점심)

   I _____ when he came.

4 내가 그녀를 방문했을 때 그녀는 일주일 동안 아파 누워 있었다. (be ill in bed 아파서 누워 있다)

   When _____, she _____ ill in bed for a week.

5 내가 파티에 도착했을 때, 그는 이미 가고 없었다. (arrive 도착하다)

   When _____, he _____.

6 나는 서울로 이사 가기 전에 대전에 살았다. (move 이사 가다)

   I _____ before I _____.

7 내가 그녀를 만났을 때, 그녀는 3개월 동안 다이어트를 하고 있었다. (be on a diet 다이어트 중이다)

   When _____, she _____.

8 나는 그를 오랫동안 못 보았기 때문에 그를 알아보지 못했다. (recognize 알아보다)

   _____, because _____.

9 약을 먹고 난 후, 몸이 좋아졌다. (medicine 약)

   After _____, _____.

10 나는 그가 다른 곳으로 이사 갔다는 사실을 알게 되었다. (another place 다른 곳)

   I found that _____.

 과거 사실을 기준으로 하여, 그 이전에 있었던 일을 일기로 써보세요.

I lost my MP3 player. *Sunny, Tuesday, 30 April*

I like listening to various kinds of music. I was eager to have a new MP3 player, so I asked my parents to buy one for me. My parents promised that if I got good grades on the tests, they would buy it for me. I studied hard, but I didn't get good grades. I was very depressed. A few days later, while I was reading a book in my room, my mom gave a MP3 player to me quietly. It was an unexpected present for me. She said to me, "I'm giving this to you because you did your best." I was so happy. I spent a few days listening to my favorite songs. However, today I found that my MP3 player had disappeared. Oh! my god! No way! I looked for it everywhere, but it was nowhere to be found. I lost the MP3 player that my mom had bought for me. Who stole it? I didn't tell my mom yet. I can't fall asleep. What should I do?

MP3 플레이어를 잃어버리다

나는 다양한 음악을 듣는 것을 좋아한다. 나는 새 MP3 플레이어가 갖고 싶었다. 그래서 부모님께 MP3 플레이어를 사달라고 부탁했다. 부모님께서는 내가 좋은 성적을 받으면 사준다고 약속을 하셨다. 나는 공부를 열심히 하였지만 좋은 성적을 받지 못했다. 나는 너무 낙심했다. 며칠 후에 방에서 책을 읽고 있는데 엄마가 MP3 플레이어를 말없이 내미셨다. 예기치 못한 선물이었다. "네가 최선을 다했기 때문에 주는 거야."라고 하셨다. 나는 너무 행복했다. 며칠 내내 내가 좋아하는 음악들을 들었다. 그런데 오늘 방과 후에 MP3 플레이어가 없어진 것을 알게 되었다. 안 돼! 이럴 수가! 나는 모든 곳을 다 찾아보았다. 그러나 어디에도 없었다. 엄마가 사주신 MP3 플레이어를 잃어버리고 만 것이다. 누가 가지고 갔을까? 아직 엄마에게 말씀을 못 드렸다. 잠을 잘 수가 없다. 어떻게 해야 하지?

various 다양한 | **promise** 약속하다 | **grades** 성적 | **depressed** 우울한, 낙심하는 | **unexpected** 예기치 않은 | **present** 선물 | **disappear** 사라지다 | **look for** ~를 찾다 | **stole** steal(훔치다)의 과거 | **fall asleep** 잠들다

PART II
영작을 위한 표현

001 날씨가 화창했다. 비인칭주어 it vs. 대명사 it

☑ **나의 영작실력은?**

❶ 우리 집에서 우체국까지는 꽤 멀다. → _____

❷ 밖이 어두웠다. → _____

─── **영어일기**가 쉬워지는 **영작패턴** ───

057 '날씨, 계절, 요일, 날짜, 시간, 거리, 명암, 그리고 막연한 상황'을 나타낼 때 it을 사용하는데, 이를 비인칭주어라고 합니다. 비인칭주어 it은 우리말로 따로 해석되지 않으며, '그것'의 의미를 가진 대명사 it과는 다르니 유의하세요.

날씨가 화창했다. It was sunny.
여름이다. It's summer.
바람이 분다. It's windy.
금요일이다. It's Friday.
나의 생일이다. It's my birthday.
9시 10분이다. It's nine ten.
너무 늦었다. It was too late.
여기부터 5킬로미터입니다. It's 5 kilometers from here.
여기는 너무 어둡다. It's very dark here.
방안이 매우 밝다. It's very bright in the room.
요즘 상황이 어때요? How goes it with you?

058 대명사로 쓰이는 it은 앞에 나온 특정한 명사를 대신하며, 「the + 명사」의 역할을 합니다. 간혹 앞 문장 전체를 대신하여 쓰기도 하는데 이 경우에는 '그 사실, 그 일'의 의미가 됩니다.

공원 벤치에 가방이 하나 있었다. 그것은 내 것이 아니었다.
There was a bag on the bench at the park. It(=The bag) was not mine.

나는 꽃 한 송이를 샀다. 그것은 아주 아름다웠다.
I bought a flower. It(=The flower) was very beautiful.

인형극이 있었는데 그 사실을 몰랐다. There was a puppet show, but I didn't know it.

1 봄이다. (spring 봄)

_____.

2 오늘은 날씨가 참 좋았다. (fair 날씨가 좋은, today 오늘)

It _____ today.

3 날씨가 점점 따뜻해지고 있다. (warm 따뜻한)

It's getting _____.

4 드디어 토요일이다. (finally 드디어, Saturday 토요일)

Finally _____.

5 벌써 10시다. (already 벌써)

_____ already _____.

6 여기에서 그 공원까지는 약 100미터이다. (about 약)

_____ from here to the park.

7 공원에 있는 유령의 집 안은 온통 깜깜했다. (haunted house 유령의 집)

_____ in the park.

8. 그곳은 매우 무서웠다. (horrible 무서운)

_____ there.

9 나는 기념품 하나를 샀는데 그것을 잃어버렸다. (souvenir 기념품, lose 잃어버리다)

_____.

10 공원이 문 닫을 시간이 되었는데 나는 그 사실을 모르고 있었다.

_____.

 공원에 놀러갔던 일을 일기로 써보세요.

002 하루 동안 쉬고 싶다. 부정관사

☑ **나의 영작실력은?**

❶ 어제 놀라운 사건이 하나 일어났다. → _____

❷ 우리는 동갑이다. → _____

영어일기가 쉬워지는 영작패턴

059 부정관사 a, an은 막연한 하나의 사물이나 사람을 가리키거나 또는 이야기나 글에서 처음 등장하는 명사 앞에 붙입니다. 뒤에 나오는 명사의 첫 발음이 모음일 때는 an을 쓰지요. 부정관사가 막연한 하나를 나타낼 때는 따로 해석하지 않지만, 분명한 하나를 나타낼 때는 '한 개의, 하나의'로 표현됩니다.

하루 동안 쉬고 싶었지만, 그럴 수 없었다.
I wanted to take a rest for **a** day, but I couldn't.

한 소녀가 울고 있다. **A** girl is crying.

로마는 하루아침에 이루어지지 않았다. Rome was not built in **a** day.

060 부정관사 a, an은 '~당, ~마다'의 의미도 가지고 있으며, 이는 each, per의 쓰임과 같습니다.

나는 일주일에 세 번 운동을 한다. I exercise three times **a** week.

나는 하루에 한 번 그에게 전화를 한다. I call him once **a** day.

그것은 1킬로그램당 천 원이었다. It cost 1,000 won **a** kilogram.

061 부정관사 a, an은 of a/an ~의 형태로 쓰여 '같은, 동일한'의 의미를 나타내기도 하며, '~라는 것'의 의미로 종족 전체를 대표할 때 쓰이기도 합니다. 종족 전체를 대표할 때는 복수형으로 쓰거나 앞에 정관사 the를 붙이기도 합니다.

같은 날개를 가진 새들이 한데 모인다. Birds of **a** feather flock together.

그 그림의 별들은 모두 사이즈가 같다. The stars in the picture are all of **a** size.

개라는 동물은 충성스런 동물이다.
A dog is a faithful animal. / **The** dog is a faithful animal. / Dogs are faithful animals.

1 나는 장래에 의사가 되고 싶다. (in the future 장래에)

I want to be _____ in the future.

2 한 소녀가 나에게 도움을 요청했다. (ask ~ for help ~에게 도움을 요청하다)

_____.

3 나는 자선 바자회를 제안했다. (propose 제안하다, charity bazaar 자선 바자회)

I _____.

4 우리는 모두 같은 의견이었다. (opinion 의견)

We were _____.

5 나는 그 아픈 사람들을 돕기 위해 하루 동안 머물 것이다. (sick 아픈)

I will stay there to help _____ for _____.

6 나는 하루에 다섯 번 약을 복용한다. (take medicine 약을 복용하다)

I take medicine _____.

7 나는 일주일에 두 번 자원봉사를 한다. (volunteer 자원봉사하다, twice 두 번)

I _____.

8 나는 한 달에 만 원씩 기부금을 낸다. (donate 기부하다)

_____.

9 어떤 한 사람이 그들을 돕기 위해 정기적으로 온다. (certain 어떤, regularly 정기적으로)

_____.

10 그 집에는 고양이가 있는데, 고양이라는 동물은 아주 깔끔한 것 같다. (clean 깔끔한, 깨끗한)

_____.

 자원봉사 경험에 대해 일기를 써보세요.

003 그 코미디언은 정말 웃긴다. 정관사

☑ **나의 영작실력은?**

❶ 그 남자는 내 타입이 아니다. → _____

❷ 나는 플루트를 연주할 수 있다. → _____

영어일기가 쉬워지는 영작패턴 ────────

062 정관사 the는 이미 정해진 특정한 것을 나타내는 말로, 앞에 한 번 나온 것을 뒤에 서 다시 말하거나 말하는 사람과 상대방이 서로 알고 있는 대상을 표현할 때 사용됩니다.

그 코미디언은 정말 웃긴다. The comedian is really funny.

그는 남동생이 하나 있다. 그 동생은 변호사이다.
He has a brother. The brother is a lawyer.

나는 휴대폰이 하나 있다. 그 휴대폰은 최신 모델이다.
I have a cell phone. The cell phone is the latest model.

우리 학교는 정류장 근처에 있다. My school is near the station.

욕실에 누군가 있었다. There was someone in the bathroom.

063 세상에 하나밖에 없는 것이나 악기 이름 앞, 또는 최상급의 형용사, 서수, only(단 하나의), same(같은) 등의 앞에는 정관사 the를 붙입니다. 반면, 계절, 식사, 운동경 기 이름 앞에는 관사를 쓰지 않으니 기억하세요.

오늘은 하늘이 매우 파랗다. The sky is very blue today.

태양이 빛나고 있다. The sun is shining.

나는 클라리넷을 연주할 수 있다. I can play the clarinet.

그가 우리 반에서 가장 키가 큰 아이다. He is the tallest boy in my class.

오늘이 방학의 첫 날이다. Today is the first day of vacation.

그 방에 그가 유일한 어린이였다. He was the only child in the room.

나도 동감이다. I feel the same way.

오늘은 아침을 건너뛰었다. I skipped breakfast this morning.

나는 매일 방과 후에 축구를 한다. I play soccer after school every day.

1 나는 키 큰 친구가 한 명 있는데 그 친구는 영어를 잘한다.

I have a _____. _____ speaks English well.

2 우리는 같은 고등학교를 졸업했다. (graduate from ~를 졸업하다, same 같은)

We graduated from _____.

3 나는 오랜만에 그 친구를 만났다. (after a long time 오랜만에)

I _____.

4 내가 친구와 걷고 있을 때, 달이 참 밝았다. (bright 밝은)

_____ when I was walking _____.

5 오늘밤에 우연히 별똥별을 보았다. (shooting star 별똥별, by chance 우연히)

I saw _____ tonight.

6 나는 가장 가까운 레스토랑에 갔다. (the nearest 가장 가까운)

I _____.

7 그 레스토랑은 이층에 있었다. (on the second floor 2층에)

_____.

8 우리는 그곳에서 저녁식사를 했다. (dinner 저녁 식사)

We _____.

9 나는 매일의 일상이 똑같다고 불평했다. (complain 불평하다)

_____.

10 나는 그와 늦게까지 수다를 떨었다. (have a chat 수다 떨다)

_____.

 정관사의 사용에 유의하면서 친구와 만난 이야기를 일기로 써보세요.

004 맛없는 음식을 먹는 것은 유쾌한 일이 아니다. ~하기, ~하는 것

☑ **나의 영작실력은?**

❶ 영어로 일기를 쓰는 것은 재미있다. → _____

❷ 그가 말한 것은 사실이 아니었다. → _____

영어일기가 쉬워지는 영작패턴

064 '~하기, ~하는 것'은 동사와 명사의 역할을 동시에 하는 동명사(-ing)나 to부정사를 사용하여 나타낼 수 있습니다.

맛없는 음식을 먹는 것은 그리 유쾌한 일이 아니다.
Eating tasteless food is not enjoyable.

나는 만화 책 읽는 것을 좋아한다. I like reading comic books.

내 취미는 사진 찍는 것이다. My hobby is taking pictures.

중도에 포기하는 것은 아예 시작하지 않는 것보다 나쁘다.
Giving up in the middle is worse than not starting at all.

내 계획은 내년에 유학 가는 것이다. My plan is to study abroad next year.

숙제는 오염에 대해 조사하는 것이다. The homework is to research pollution.

나는 여러 문화를 경험하기를 원한다. I want to experience different cultures.

065 '~하는 것/일/말'은 관계대명사 what을 사용하여 나타낼 수도 있습니다.

그가 가지고 있는 것이 내게는 좋아 보였다. What he has looks good to me.

그가 한 말이 나에게 상처를 주었다. What he had said hurt me.

이미 행한 일은 되돌릴 수 없다. What is done can't be undone.

내가 사고 싶은 것을 찾았다. I found what I wanted to buy.

필요한 것을 챙겼다. I took what I needed.

우리는 먹는 것을 조심해야 할 필요가 있다. We need to be careful what we eat.

그 선물은 내가 정말 원했던 것이었다. The present was what I really wanted.

나는 그가 하는 말을 믿는다. I believe what he says.

싼 가격에 내가 원하는 물건을 살 수 있었다.
I was able to get what I wanted at a cheap price.

1 새로운 음식을 개발하는 것이 내 유일한 취미이다. (develop 개발하다)

_____ is my only _____.

2 나는 군것질을 하는 것이 우리 건강에 좋지 않다고 생각한다. (eat between meals 군것질하다)

I think that _____ is _____.

3 내 꿈은 전 세계의 모든 음식을 먹어보는 것이다. (try 먹어보다)

My dream is _____ from all over the world.

4 나는 비 오는 것을 바라보며 김치 부침개 먹는 것을 좋아한다. (fritter 부침개)

I like _____ while watching the rain.

5 내 꿈은 유명한 요리사가 되는 것이다. (chef 요리사)

_____.

6 오늘 내가 요리한 것은 참 맛있었다. (delicious 맛있는)

What _____.

7 그가 요리에 대해 말한 것은 매우 유익했다. (informative 유익한)

What _____.

8 내가 원했던 것은 환상적으로 맛있는 식사였다. (fantastic 환상적인)

_____.

9 잠자리에 들기 전에 나는 오늘 먹은 것들에 대해 생각해 보았다.

Before going to bed, _____.

10 나는 그가 나에 대해서 한 말을 이해하지 못하겠다.

_____.

 '~하기, ~하는 것'의 구문을 사용하여 식성에 관한 이야기를 일기로 써보세요.

005 그 일은 완성하기가 참 어려웠다. 가주어-진주어

☑ **나의 영작실력은?**

❶ 해변을 따라 걷는 것은 아주 멋질 것이다. → _____

❷ 남의 감정을 무시하는 것은 좋지 않다. → _____

영어일기가 쉬워지는 영작패턴

066 '~하는 것, ~하기'를 표현할 때는 동명사(-ing), to부정사 또는 that절을 이용하여 나타낼 수 있는데, to부정사나 that절이 주어로 쓰여 길어진 경우에는 가주어 it을 사용하여 긴 주어를 대신하고 진주어, 즉 진짜 주어는 문장 뒤에 씁니다.

그 일은 완성하기가 참 어려웠다.
To complete the task is very difficult. → It is very difficult to complete the task.
클라리넷을 부는 것은 쉽지 않다. It is not easy to play the clarinet.
정당하게 행동하는 것이 좋다. It is good to behave fairly.
균형 잡힌 식사를 하는 것이 좋다. It is good to have a balanced diet.

067 '~가 …하는 것은 -하다'를 나타낼 경우는 that절을 이용하여 표현합니다. 이 경우에도 주어로 쓰이는 that절은 가주어 it을 사용하여 대신하고 진주어가 되는 that절은 문장 뒤에 씁니다. 또한 이 구문은 to부정사 앞에 의미상의 주어를 나타내는 「for + 목적격」을 사용하여 「it - for ~ to …」 구문으로 표현할 수도 있습니다.

그가 그렇게 행동하는 것이 이상했다.
That he behaved like that was strange. → It was strange that he behaved like that. → It was strange for him to behave like that.
아이들이 도로에서 축구를 하는 것은 위험하다.
That kids play soccer on the road is dangerous. → It is dangerous that kids play soccer on the road. → It is dangerous for kids to play soccer on the road.

068 가주어-진주어 구문에서 It 다음에 오는 형용사가 사람의 성격(kind, careful, wise, foolish 등)을 나타낼 때는 의미상의 주어를 「of + 목적격」으로 씁니다.

나에게 도움을 주다니 그는 참 친절하다. It's very kind of him to help me.
그가 거짓말을 하다니 어리석다. It's foolish of him to tell a lie.

1 일찍 일어나기가 어려웠다. (get up 잠자리에서 일어나다)

It was _____ early.

2 좋은 직업을 갖는 것은 쉬운 일이 아니다. (get a good job 좋은 직업을 갖다)

It is not _____.

3 비가 올 때는 우울한 음악을 듣는 것이 더 좋다. (gloomy 우울한)

It is better _____ when it rains.

4 시간을 잘 이용하는 것이 중요하다. (make use of ~을 이용하다)

It _____.

5 밤에 빨리 운전하는 것은 위험하다. (dangerous 위험한)

_____ at night.

6 규칙적으로 운동하는 것이 좋다. (work out 운동하다, regularly 규칙적으로)

_____.

7 입에 음식을 담은 채로 말하는 것은 좋지 않다. (with one's mouth full 입에 음식을 담은 채로)

_____.

8 우리가 어른을 공경하는 것은 예의바른 것이다. (polite 예의바른, respect 공경하다)

_____.

9 나는 사전을 가지고 다니는 것이 불편하다. (uncomfortable 불편한)

_____.

10 우리가 친구를 지혜롭게 선택하는 것은 아주 중요하다. (choose 선택하다)

_____.

 자기 관리에 관한 이야기를 가주어, 진주어를 사용하여 일기로 써보세요.

006 젊은이들은 야한 옷을 자주 입는다. ~한 사람들

☑ **나의 영작실력은?**

❶ 일반적으로 운동을 규칙적으로 하는 사람들이 더 오래 산다.

→ _____

❷ 나는 장애인들을 위해 봉사하고 싶다. → _____

영어일기가 쉬워지는 **영작패턴**
---

069 일반적으로 '사람들'은 people이란 명사를 사용하여 표현할 수 있으나, '~하는 사람들', 즉 그 사람들을 설명하여 수식하는 말이 있을 경우에는 those who ~로 표현합니다.

좋은 직업을 갖기를 원하는 **사람들은** 사람들과의 관계가 좋아야 한다.
Those who want to have a good job must be good with people.

그는 항상 도움이 필요한 **사람들을** 도와준다.
He always helps **those who need** some help.

070 정관사 the 다음에 사람의 특성을 나타내는 형용사, 현재분사, 과거분사를 써서 '~인 사람들'의 의미를 나타낼 수 있는데, 현재분사를 쓸 경우는 '~하는 사람들, ~하고 있는 사람들', 과거분사를 쓸 경우에는 '~된 사람들'의 의미입니다.

----
the rich 부자들 ∣ the poor 가난한 사람들 ∣ the young 젊은이들 ∣ the homeless 집 없는 사람들, 노숙자들 ∣ the healthy 건강한 사람들 ∣ the sick 아픈 사람들 ∣ the weak 약한 사람들 ∣ the strong 강한 사람들 ∣ the living 살아 있는 사람들 ∣ the dead 죽은 사람들 ∣ the unemployed 실업자들 ∣ the injured 부상자들 ∣ the well-known 저명인사들 ∣ the disabled 장애인들

젊은이들은 야한 옷을 자주 입는다. The young often wear showy clothes.

젊은이들이 노인 분들에게 자리를 양보하지 않는 경향이 있다.
The young tend not to offer their seats to the elderly.

가난한 사람들은 더 부지런해질 필요가 있다. The poor need to be more diligent.

집 없는 사람들은 보통 거리에서 산다. The homeless usually live on the street.

1 나는 유행 감각이 있는 사람들이 좋다. (sense of fashion 유행 감각)

I like _____ have _____.

2 백화점에는 충동구매를 하는 사람들이 있다. (impulsively 충동적으로)

There are _____ things impulsively in the _____.

3 젊은이들을 위한 패션상품이 많다. (fashionable items 패션상품)

There are many _____ for _____.

4 나는 배꼽티를 입는 사람들을 이해하지 못하겠다. (half shirt 배꼽티)

I don't _____.

5 나는 패션에 관심이 없는 사람 중 한 사람이다. (be interested in ~에 관심이 있다)

I am one of _____.

6 우아한 액세서리를 한 사람들이 멋져 보인다. (elegant 우아한)

_____ accessories look _____.

7 나는 맵시 있게 옷 입은 사람들이 좋다. (smart 맵시 있는)

I like _____.

8 미니스커트를 입는 사람들이 언제나 멋쟁이는 아니다. (stylish 멋 부리는)

_____.

9 젊은 사람들은 보통 유행을 따르는 것을 좋아한다. (follow fashion 유행을 따르다)

_____.

10 연세 드신 분들은 대체로 편한 옷을 좋아하신다. (comfortable 편한)

_____.

 어떤 사람들이 어떤 패션을 좋아할까요? 패션에 관한 이야기를 일기로 써보세요.

007 커피에 설탕 두 스푼을 넣었다. 물질명사

☑ 나의 영작실력은?

❶ 물을 많이 마시는 것이 건강에 좋다.

→ _____

❷ 나는 커피를 많이 마시면 손이 떨린다. → _____

영어일기가 쉬워지는 영작패턴

071 air, gas, water, milk, sugar, snow 등처럼 일정한 형태가 없는 물질을 나타내는 명사를 물질명사라 하는데, 이는 셀 수 없기 때문에 부정관사와 함께 쓸 수 없으며 따라서 복수형도 없습니다. 양을 나타낼 때는 much, a lot of, little, some, no 등 과 같은 표현을 써서 양을 표시합니다.

설탕이 병에 조금밖에 남지 않았다. There is little sugar left in the jar.
나는 물이 많이 필요했다. I needed much water.
지난겨울에는 눈이 많이 왔다. We had much snow last winter.
새 집에 놓을 가구를 조금 샀다. I bought some furniture for my new house.

072 물질명사를 수로 나타내야 하는 경우는 「수사 + 단위명사 + of + 물질명사」의 형태 로 표시합니다. 두 단위 이상일 경우에는 단위명사를 복수형으로 바꿉니다.

----
a loaf of bread 빵 한 덩이(two loaves of bread 빵 두 덩이) | a piece of bread 빵 한 조각 | a slice of toast 토스트 한 조각 | a bottle of wine 포도주 한 병 | a pound of sugar 설탕 1파운 드 | a spoonful of sugar 설탕 한 스푼 | a lump of sugar 각설탕 한 개 | a glass of water 물 한 잔 | a glass of milk 우유 한 잔 | a cup of tea 차 한 잔 | a cup of coffee 커피 한 잔 | a jar of jam 잼 한 병 | a bag of flour 밀가루 한 봉지 | a box of cereal 시리얼 한 박스 | a bottle of ketchup 케첩 한 병 | a pound of meat 고기 1파운드 | a carton of milk 우유 한 팩 | a slice of pizza 피자 한 조각 | a dish of ice cream 아이스크림 한 그릇 | a head of cabbage 양배추 한 통 | a bar of soap 비누 한 개 | a sheet of paper 종이 한 장 | a piece of chalk 분필 한 개 | a piece of furniture 가구 한 점

커피에 설탕 두 스푼을 넣었다. I put two spoonfuls of sugar in my coffee.
커피 한 잔이 나를 잠에서 깨워준다. A cup of coffee wakes me up.
나는 진한 커피 한 잔을 마시면 잠이 안 온다.
When I drink a cup of strong coffee, I can't fall asleep.

1 아침에 내가 필요로 하는 것은 한 잔의 커피일뿐이다. (what I need 내가 필요로 하는 것)

_____ in the morning is just _____.

2 나는 커피에 설탕 두 스푼을 넣어 마신다. (sugar 설탕)

I drink coffee with _____.

3 나는 커피에 우유를 많이 넣는 것이 좋다. (put 넣다)

I like to _____ in my coffee.

4 나는 카펫에 커피를 조금 엎질렀다. (spill 엎지르다)

_____ on the carpet.

5 남은 커피가 많지 않았다. (left 남은)

There _____ left.

6 오늘 아침에 주스 한 잔과 시리얼 한 그릇을 먹었다. (a bowl of cereal 시리얼 한 그릇)

I _____ this morning.

7 나는 아침으로 우유 조금과 토스트 한 조각을 먹었다. (toast 토스트)

_____ for breakfast.

8 이젠 냉장고에 우유가 조금도 없다. (refrigerator 냉장고)

_____.

9 쿠키를 조금 만드는 데 설탕이 약간 필요했다. (for making ~ ~을 만드는 데)

_____.

10 나는 약간의 소금물로 입 안을 헹궜다. (gargle 입 안을 헹구다)

_____.

 아침식사로 무엇을 먹나요? 간단한 아침식사에 관한 이야기를 일기로 써보세요.

008 혁진이와 혁찬이 둘 다 영화를 좋아한다. 둘 다, 둘 중 하나

☑ **나의 영작실력은?**

❶ 나는 영어와 수학을 둘 다 못한다. → _____

❷ 그 아니면 내가 실수한 것이다. → _____

━━━ **영어일기가 쉬워지는 영작패턴** ━━━

073 다음 구문들처럼 두 개의 명사가 접속사와 짝을 이루어 주어나 목적어로 쓰이는 경우도 있습니다.

- -
both A and B A, B 둘 다 | A or B A 또는 B | either A or B A나 B 둘 중의 하나 | neither A nor B A나 B 둘 다 아닌
- -

위 구문이 주어로 쓰일 경우, both A and B 구문은 복수 동사로 받고, 나머지는 B의 인칭과 수에 따라 동사를 일치시킵니다.

혁진이와 혁찬이 둘 다 영화를 좋아한다.
Both Hyeokjin **and** Hyeokchan like movies.

스티븐과 메리는 둘 다 착하다. **Both** Steven **and** Mary are good.

너 아니면 그가 거기에 가야 한다. **Either** you **or** he must go there.

그는 지금 서울이나 부산 중 한 곳에 있다.
He is now **either** in Seoul **or** in Busan.

내 형이나 동생이나 그것에 대해 몰랐다.
Neither my elder brother **nor** my younger brother **knew** about it.

그는 돈도 직업도 없다. He had **neither** money **nor** a job.

074 'A가 아니고 B'는 not A but B, 'A뿐 아니라 B도'는 not only A but (also) B, 또는 B as well as A로 나타내는데 이 구문이 주어로 쓰일 경우 동사는 B에 일치시킵니다.

너뿐 아니라 나도 틀렸다. **Not only** you **but also** I am wrong.

케빈뿐 아니라 그의 동생도 장난꾸러기이다.
Not only Kevin **but also** his brother is naughty.

그는 나에게 음식뿐 아니라 돈도 주었다. He gave me money **as well as** food.

1 뮤지컬에 동생과 나 둘 중 한 명만 갈 수 있었다.

Either _____ to the musical.

2 우리는 웃을 수도 울 수도 없었다. (laugh 웃다)

We could neither _____ .

3 나는 택시나 지하철을 타야 했다. (taxi 택시, subway 지하철)

I had to take either _____ .

4 나는 자리 안내원이나 친구에게 나의 좌석에 대해 물어봐야 했다. (usher 자리 안내원)

_____ about my seat.

5 그 뮤지컬 배우들은 춤도 노래도 다 잘했다. (be good at ~를 잘하다)

The actors from the musical _____ .

6 그 뮤지컬은 재미있기도 했고 감동적이기도 했다. (impressive 감동적인)

The musical _____ .

7 나는 그 배우들과 사진을 찍거나 사인을 받고 싶었다. (autograph 사인)

I wanted to either _____ .

8 그는 무대에서뿐 아니라 스크린에서도 스타였다. (stage 무대, screen 스크린)

_____ .

9 그는 돈뿐만 아니라 참된 친구들도 있었다. (sincere 참된)

_____ .

10 나는 그 배우뿐 아니라 감독도 만나보고 싶었다. (director 감독)

_____ .

 연극과 뮤지컬 중에 어느 공연을 좋아하시나요? 그 이유와, 공연에 갔던 경험을 일기로 써보세요.

009 그 바지는 너무 조였다. 복수명사

☑ **나의 영작실력은?**

❶ 그 반바지는 너무 짧다. → _____

❷ 나는 그에게 자리를 바꾸어달라고 했다. → _____

── **영어일기**가 **쉬워지는** **영작패턴** ──

075 짝을 이루거나 두 개가 있어야 하나를 이룰 수 있는 옷 종류나 도구는 항상 복수로 쓰며 '한 벌의'라는 의미인 a pair of와 함께 쓰기도 합니다. 복수형으로 쓸 때는 복수 취급, a pair of와 함께 쓸 때는 단수 취급합니다.

짝을 이루는 명사 trousers, pants 바지 | shorts 반바지 | pajamas 파자마 | tights 타이즈 | gloves 장갑 | glasses, spectacles 안경 | shoes 신발 | scissors 가위 | chopsticks 젓가락 | tongs 집게

그 바지는 너무 조였다. The pants were too tight.
신발 한 켤레를 샀다. I bought a pair of shoes.
나는 근시라서 안경을 쓴다. I am near-sighted and wear glasses.

076 학과명, 병명, 놀이 이름은 복수 형태이지만 단수 취급을 합니다.

학과명 ethics 윤리학 | economics 경제학 | politics 정치학 | mathematics 수학 | physics 물리학 | statistics 통계학
병명 measles 홍역 | mumps 이하선염 | diabetes 당뇨병 | hepatitis 간염
놀이 이름 billiards 당구 | cards 카드놀이 | marbles 구슬치기 | darts 다트

카드놀이는 내가 좋아하는 오락거리 중 하나이다.
Playing cards is one of my favorite pastimes.
그는 B형 간염이 있다. He has hepatitis B.

077 두 개 이상의 것이 상호적으로 작용해야 하는 상호관계나 교환을 나타낼 경우에는 복수 형태로 써야 합니다.

shake hands with ~와 악수하다 | change trains 기차를 갈아타다 | exchange seats with ~와 자리를 바꾸다 | be friends with ~와 친구 사이다 | make friends with ~와 친구가 되다 | take turns 교대하다 | exchange letters with ~와 편지를 교환하다 | be on good terms with ~와 사이가 좋다

그와 친구가 되고 싶었다. I wanted to make friends with him.
그 가수와 악수를 해서 기뻤다. I was happy to shake hands with the singer.

Chapter 01

1   그 멋진 사람과 친구가 되고 싶었다. (make friends with ~ 와 친구가 되다)

     I wanted to _____.

2   그의 셔츠가 그 바지와 잘 어울렸다. (go with ~와 어울리다)

     His shirt _____.

3   그는 유행하는 안경을 쓰고 있었다. (fashionable 유행하는)

     He wore _____.

4   운 좋게도, 그와 악수를 할 수 있었다. (shake hands with ~와 악수하다)

     Luckily, I _____.

5   그에게 이야기를 하고 싶어서 나는 어떤 사람과 자리를 바꾸어 앉았다.

     I wanted to talk to him, so _____.

6   그는 젓가락질이 서툴렀다. (be clumsy with ~에 서투르다)

     He was _____.

7   그는 수학을 전공하고 싶어했다. (major in ~을 전공하다)

     He _____.

8   그는 홍역으로 고생했다. (suffer from ~로 고생이다)

     _____.

9   나는 그 친구와 카드놀이를 자주 한다. (cards 카드놀이)

     _____.

10   그는 그의 친구들과 사이가 좋다. (terms 친한 사이, 교제)

     _____.

 친구 사귀기와 관련된 이야기를 일기로 써보세요.

010 거의 모든 사람들이 인터넷 서핑을 좋아한다. 「주어+동사」의 일치

☑ 나의 영작실력은?

❶ 남을 가르치는 것은 쉬운 일이 아니다. → _____

❷ 10분은 샤워하기에는 충분하지 않은 시간이다.

→ _____

영어일기가 쉬워지는 영작패턴

주어가 복수일 경우는 복수동사를, 주어가 단수일 때는 단수동사를 쓰듯이, 동사는 주어의 인칭과 수에 따라 바뀝니다. 하지만 주어가 여러 개이거나 접속사로 연결되어 있는 경우는 의미에 따라 동사의 형태가 바뀌는 경우가 있습니다.

078 주어가 동명사나 to부정사일 때, every, each, any, no 등으로 수식을 받는 명사일 때, 시간, 거리, 금액, 무게를 나타내는 복수명사가 단일 개념으로 쓰일 때, 복수형 나라 이름이나 책, 잡지 제목 등은 단수 취급됩니다.

거의 모든 사람들이 인터넷 서핑을 좋아한다.
Almost everyone likes surfing the Internet.

우울할 땐 여행이 내 유일한 위안이 된다.
Traveling is my only consolation when I feel down.

두 달은 그것을 끝마치기엔 너무 짧다. Two months is too short for finishing it.

10마일은 나에게는 먼 거리이다. Ten miles is a long distance to me.

필리핀은 열대 지방에 있다. The Philippines is in the tropics.

'더 타임스'는 매일 발행된다. *The Times* is published daily.

079 주어가 and로 연결되어 두 사람이나 두 개를 나타내는 경우나 'A, B 둘 다'의 의미를 가진 both A and B가 주어로 쓰일 경우는 복수 취급합니다. 단, and로 연결되었으나 한 가지 물품을 나타낼 때, 또는 한 사람을 나타내는 경우는 단수 취급합니다.

우리 언니와 나는 쌍둥이다. My sister and I are twins.

그 피아니스트와 첼리스트는 인기가 있다. The pianist and the cellist are popular.

플랫폼에 탁자 하나와 다섯 개의 의자가 있었다.
A table and five chairs were on the platform.

버터 바른 빵은 아침식사로 충분했다. Bread and butter was enough for breakfast.

1 우리 가족 모두 인터넷으로 채팅하는 것을 좋아한다. (chat 채팅하다)

Everyone in my family _____.

2 오랫동안 인터넷 서핑을 하는 것은 좋지 않다. (for a long time 오랫동안)

Surfing the Internet _____.

3 모든 사람들이 네티켓을 지켜야 한다. (netiquette 네티켓)

_____.

4 어느 네티즌도 잘못된 정보는 원하지 않는다. (netizen 네티즌, bogus 거짓된)

No _____.

5 사람마다 그들 자신이 좋아하는 사이트가 있다. (own 자신의)

_____ favorite site.

6 18세 미만은 누구든 그 사이트에 들어갈 수 없다. (under the age of ~ 미만의 나이)

_____ under the age of 18 _____.

7 내가 컴퓨터게임을 할 때 한 시간은 너무 짧다. (short 짧은)

When _____, _____.

8 엄마와 나는 이메일로 소식을 주고받는다. (communicate 통신하다, by e-mails 이메일로)

_____.

9 그녀는 매시 매분이 중요하다고 나에게 말한다. (important 중요한)

_____.

10 모두가 나에게 컴퓨터게임 하는 시간을 줄이라고 조언한다. (reduce 줄이다)

_____.

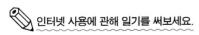 인터넷 사용에 관해 일기를 써보세요.

Shopping

Clear, Wednesday, 6 May

Today, I went to the department store with my mom to buy pants for me. I needed another pair of pants for my school trip. There were many young people who were choosing casual clothes. It was difficult to select my favorite style of pants. I found a pair of pants that appealed to me, but they were too tight. Finally I bought the pants that a salesperson recommended to me. She told us that they were the latest style. Even though the price was a little high, the color was unique and the style was fashionable. My mom bought me a shirt that went with the pants. I liked both of them. After shopping, I had a slice of pizza and a glass of Coke. Shopping is always enjoyable for me.

쇼핑

오늘 엄마와 함께 내 바지를 사러 백화점에 갔다. 나는 학교 소풍 갈 때 입을 바지가 하나 더 필요했다. 백화점에는 캐주얼 옷을 고르는 젊은이들이 많았다. 나는 맘에 드는 바지를 고르는 것이 어려웠다. 바지를 하나 골랐지만 그 바지는 내게 너무 작았다. 결국 난 한 점원이 추천해 준 바지를 샀다. 그녀가 말하기를 그것이 최신유행하는 스타일이라고 했다. 가격이 좀 비쌌지만 색깔이 참 특이하고 스타일이 매우 멋있었다. 엄마께서는 바지에 어울리는 셔츠도 하나 사주셨다. 나는 둘 다 마음에 들었다. 쇼핑을 한 후 나는 조각 피자 하나와 콜라 한 잔을 마셨다. 쇼핑하는 것은 언제나 즐겁다.

department store 백화점 | casual 캐주얼의, 평상시에 입는 | appeal to ~의 맘에 들다 | tight 조이는 | recommend 추천하다 | latest 최신의 | unique 독특한 | fashionable 유행하는 | go with ~와 어울리다 | enjoyable 즐거운, 재미있는

PART II
영작을 위한 표현

011 늦잠을 잤다. 일어나다

☑ **나의 영작실력은?**

❶ 아침에 일찍 일어나고 싶지 않다.

→ _____

❷ 엄마가 나를 깨웠으나 일어날 수가 없었다.

→ _____

영어일기가 쉬워지는 영작패턴

080 아침에 눈을 뜨면서 잠에서 깨어나는 것은 wake up이라고 하며, '~을 깨우다'는 「wake + 목적어 + up」의 형태로 나타냅니다. 그리고 잠자리에서 일어나는 것은 get up이라고 표현합니다.

나는 6시에 잠에서 깼다. I **woke up** at six.

나는 좀 더 일찍 깨워주지 않은 것에 대해 엄마에게 불평했다.
I complained to my mom that she had not **woken** me **up** earlier.

나는 보통 아침 여섯 시에 일어난다. I usually **get up** at six in the morning.

일어날 시간이었다. It was time to **get up**.

내일 아침에는 일찍 일어나야 한다. I have to **get up** early tomorrow morning.

나는 밤늦게까지 TV를 봐서 일찍 일어날 수가 없었다.
I couldn't **get up** early in the morning because I watched TV till late at night.

081 잠자리에서 일어나는 것과 관계있는 것들에는 yawn(하품하다), stretch oneself(기지개를 켜다), get out of bed(잠자리에서 빠져나오다), make a/the bed(잠자리를 정리하다), fold the blankets(이불을 개다), oversleep(늦잠자다), a late riser(늦잠꾸러기), a sleepyhead(잠꾸러기), keep late hours(늦게 자고 늦게 일어나다), be sleepy(졸리다) 등이 있습니다.

나는 오늘 아침 늦잠을 잤다. I **overslept** this morning.

나는 언제나 늦게 자고 늦게 일어난다. I always **keep late hours**.

하품을 하고 기지개를 켰다. I **yawned** and **stretched myself**.

서둘러 침대에서 빠져나왔다. I **got out of bed** in a hurry.

서둘러 잠자리를 정리했다. I **made the bed** in a hurry.

일어나서 이불 개는 것이 싫다. I hate to **fold the blankets** after getting up.

내 동생은 잠꾸러기다. My brother is a **sleepyhead**.

나는 항상 졸린다. I am always **sleepy**.

1 여느 때보다 더 일찍 일어났다. (than usual 여느 때보다)

I ＿＿＿＿＿＿＿＿＿＿＿＿＿＿ earlier ＿＿＿＿＿＿＿＿＿＿＿＿＿＿＿＿＿＿.

2 오늘 아침에 두 시간이나 늦게 눈을 떴다. (two hours late 두 시간 늦게)

I ＿＿＿＿＿＿＿＿＿＿＿＿＿＿＿＿＿＿＿＿＿＿＿＿＿＿ this morning.

3 엄마가 잠자고 있는 나를 깨울 때 짜증이 났다. (get annoyed 짜증나다)

I got ＿＿＿＿＿＿＿＿＿＿ when ＿＿＿＿＿＿＿＿＿＿＿＿＿＿＿＿＿.

4 신선한 공기가 나를 잠에서 깨웠다. (fresh air 신선한 공기)

The fresh air ＿＿＿＿＿＿＿＿＿＿＿＿＿＿＿＿＿＿＿＿＿＿＿＿＿.

5 나는 잠이 깨도록 커피 한 잔을 마셨다. (drink 마시다)

I drank ＿＿＿＿＿＿＿＿＿＿＿＿ to ＿＿＿＿＿＿＿＿＿＿＿＿.

6 나는 하품을 하고 다시 잠이 들었다. (fall asleep 잠들다)

I ＿＿＿＿＿＿＿＿＿＿＿ and ＿＿＿＿＿＿＿＿＿＿＿＿＿＿＿.

7 나는 정말 일어나고 싶지 않았다.

＿＿＿＿＿＿＿＿＿＿＿＿＿＿＿＿＿＿＿＿＿＿＿＿＿＿＿＿＿＿.

8 오늘 아침에는 한 시간 늦잠을 잤다. (oversleep 늦잠자다)

＿＿＿＿＿＿＿＿＿＿＿＿＿＿＿＿＿＿＿＿＿＿＿＿＿＿＿＿＿＿.

9 엄마는 일찍 일어나셔서 아침을 준비하신다. (prepare 준비하다)

＿＿＿＿＿＿＿＿＿＿＿＿＿＿＿＿＿＿＿＿＿＿＿＿＿＿＿＿＿＿.

10 아침에 일찍 일어나 조깅을 했다. (jog 조깅하다)

＿＿＿＿＿＿＿＿＿＿＿＿＿＿＿＿＿＿＿＿＿＿＿＿＿＿＿＿＿＿.

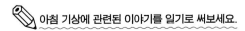 아침 기상에 관련된 이야기를 일기로 써보세요.

012 간단히 샤워를 했다. 씻다

☑ **나의 영작실력은?**

❶ 오늘은 샤워를 하지 못했다. → _____

❷ 나는 매 식사 후에 구강청결제를 이용한다.

→ _____

⎯ 영어일기가 쉬워지는 영작패턴 ⎯

082 아침에 일찍 일어나 개운하게 샤워를 하고 등교나 출근 준비를 하면 기분이 상쾌하죠. 늦잠을 자서 씻을 시간이 없어 고양이 세수만 해야 할 때, wash just one's face 라고 표현할 수 있습니다. '샤워하다'는 take a shower, 아침에 때를 미는 경우는 없지만 '때를 밀다'는 scrub one's body라고 하며, '목욕을 하다'는 take/have a bath로 표현하고, '물기를 닦다'는 dry oneself라고 합니다.

간단히 샤워를 했다. I took a short shower.
나는 아침에는 세수만 한다. I wash just my face in the morning.
때를 밀었다. I scrubbed my body.
몸의 물기를 수건으로 닦았다. I dried myself with a towel.

083 두발 관리에 대한 표현으로는 wash one's hair(머리를 감다), dry one's hair(머리를 말리다), blow-dry(드라이어로 말리다), brush/comb one's hair(머리를 빗다), tie one's hair(머리를 묶다), brush one's hair back(머리를 뒤로 넘기다) 등 이 있습니다.

나는 매일 아침 머리를 감는다. Every morning I wash my hair.
머리를 빗었다. I brushed my hair.
머리를 뒤로 묶었다. I tied my hair in the back.

084 아침에 빼놓을 수 없는 일인 '양치하다'는 brush one's teeth, '치실을 이용하다' 는 floss one's teeth, '물로 입을 헹구다'는 gargle with water, '구강청결제'는 mouthwash라고 합니다. 그리고 '치약을 짜다'는 squeeze toothpaste입니다.

칫솔 위에 치약을 짰다. I squeezed toothpaste onto my toothbrush.
나는 식사를 하고 나서 바로 양치한다. I brush my teeth right after each meal.

1 건강을 위해 반신욕을 했다. (soaking just half of one's body 몸의 반만 담그고)

I _____, soaking just half of my body for health.

2 나는 뜨거운 물로 목욕을 했다. (hot bath 뜨거운 목욕)

I _____.

3 오늘 나는 늦잠을 자서 머리를 감지 못했다. (oversleep 늦잠자다)

_____ because _____.

4 머리를 말리는 데 약 10여 분이 걸렸다. (it takes ~ to ... ...하는 데 ~가 걸리다)

It took _____.

5 머리 모양을 만들려고 무스를 사용했다. (mousse 무스, style 모양을 만들다)

I used _____.

6 나는 머리를 빗은 후 바닥을 청소했다. (clean 청소하다)

After _____, I _____.

7 날씨가 너무 더워서 찬물로 샤워를 했다.

_____.

8 나는 식사를 하고 나서 양치를 하고 치실도 사용한다. (floss 치실을 사용하다)

_____.

9 나는 위아래로만 이를 닦으려고 노력한다. (up and down 위아래로)

_____.

10 나는 양치질을 할 수 없을 때에는 물로 입을 헹군다. (gargle 입 안을 헹구다)

_____.

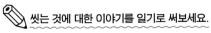 씻는 것에 대한 이야기를 일기로 써보세요.

013 정장으로 차려입었다. `입다, 벗다`

☑ **나의 영작실력은?**

❶ 나는 귀고리를 했다. → _____

❷ 나는 양말을 벗었다. → _____

— **영어일기가 쉬워지는 영작패턴** —

085 '옷을 입다'라는 표현에는 옷을 입는 동작을 나타내는 put on, dress oneself와 옷을 입고 있는 상태를 나타내는 wear, be dressed in이 있습니다. 옷뿐 아니라 반지나 목걸이, 헤어핀, 모자 등을 몸에 착용하거나 구두, 부츠 등을 신는 경우에도 put on이나 wear를 사용하여 표현합니다.

꽃샘추위가 있어서 겨울옷을 입었다.
I put on winter clothes because of the spring chill.

무슨 옷을 입을지 아직 결정하지 못했다. I didn't decide yet which clothes to wear.

벙어리장갑을 꼈다. I put on my mittens.

086 '잘 차려입다'는 be dressed (up), '가장 좋은 옷으로 차려입다'는 be at one's best, '옷을 많이 껴입다'는 bundle up, '옷을 넣어 입다'는 tuck in, '지퍼를 올려 입다'는 zip up이라고 표현합니다. 또한 '가장 아끼는 옷'은 Sunday best라고 합니다.

나는 정장으로 차려입었다. I was formally dressed.

나는 옷을 껴입었다. I bundled up.

나는 가장 좋은 옷으로 차려입었다. I was at my best.

나는 잠바의 지퍼를 올려 입었다. I zipped up my jacket.

087 '옷을 바꿔 입다'는 동사 change를 사용하여 표현하며, '벗다'라는 표현은 take off, get undressed라고 나타냅니다.

속옷을 갈아입었다. I changed my underwear.

옷을 벗었다. I got undressed. / I took my clothes off.

1 나는 티셔츠의 앞뒤를 바꿔 입었다. (backwards 뒤로, 거꾸로)

I _____ my T-shirt backwards.

2 티셔츠를 뒤집어 입었다. (inside out 뒤집어)

I _____ inside out.

3 나는 겨울 부츠를 신었다. (boots 부츠)

I _____.

4 나는 귀고리를 할 수 있도록 귀를 뚫었다. (have ~ pierced ~를 뚫다)

I had _____ so that I can _____.

5 남자친구와 나는 커플링을 끼고 있다. (couple rings 커플링)

My boyfriend and I each _____.

6 나는 입을 만한 적당한 옷이 없었다. (proper 적당한)

I _____ to wear.

7 오늘 파티를 위해 내가 가장 아끼는 옷을 입었다.

_____.

8 나는 셔츠를 입을 때 바지 안에 넣어 입는다. (shirt 셔츠)

When _____, _____.

9 나는 잠옷으로 갈아입었다. (change into ~로 갈아입다)

_____.

10 날씨가 따뜻해져서 외투를 벗었다. (overcoat 외투)

_____, so _____.

 옷 입기나 액세서리 착용에 관련된 이야기를 일기로 써보세요.

014 배가 꼬르륵거렸다. 식사 전·후

☑ **나의 영작실력은?**

❶ 나는 아침을 먹지 않는다. → _____

❷ 나는 배가 부를 때까지 먹었다. → _____

영어일기가 쉬워지는 영작패턴

088 '배가 고프다'는 기본적으로 '배가 고픈'의 의미를 가진 hungry, starved, famished와 be동사로 표현할 수 있으며 그 외에도 다음과 같은 다양한 표현들이 있습니다.

배가 고팠다. I was hungry/starved/famished.
배가 꼬르륵 거렸다. My stomach was growling.
나는 배가 몹시 고팠다. I was hungry like a horse.
배가 고파 죽겠다. I am starving to death. / I am dying with hunger.
군침이 돌았다. My mouth was watering.

089 식사에 관련된 표현으로는 have, eat(~을 먹다), pick at(~을 조금씩 먹다), eat like a horse(많이 먹다), grab a bite(간단히 요기하다), feast on(~을 마음껏 먹다), help oneself(마음대로 먹다), overeat(과식하다), skip(식사를 거르다) 등이 있으며, 약을 먹을 때처럼 씹어먹지 않고 삼키는 경우는 take를 사용합니다.

일찌감치 저녁을 먹었다. I had an early dinner.
간단히 요기하려고 매점에 갔다. I went to the snack counter to grab a bite.
음식을 모두 먹어치웠다. I ate up all the food.
아침을 많이(간단히) 먹었다. I had a heavy(light) breakfast.
감기약을 먹었다. I took medicine for my cold.

090 '배부르다'는 be full/filled/stuffed, have enough 등으로 표현할 수 있습니다.

배가 불렀다. I was full.
배가 부를 때까지 먹었다. I ate until my stomach was full.
배가 가득 찼다. I was filled.
배불리 먹었다. I was stuffed.
충분히 먹었다. I've had enough.

1 오늘은 아침을 건너뛰었다. (skip 건너뛰다)

I _____ today.

2 나는 점심을 조금 먹었다. (grab a bite 조금 먹다)

I _____ for lunch.

3 맛있는 요리 냄새가 입에 군침을 돌게 했다. (tasty 맛있는)

The smell of_____ made my mouth _____.

4 나는 저녁으로 비프스테이크를 먹었다. (beef steak 비프스테이크)

I _____.

5 나는 스파게티를 마음껏 먹었다. (feast on ~을 마음껏 먹다)

I _____ the spaghetti.

6 나는 후식으로 아이스크림을 먹었다. (dessert 후식)

I _____ for dessert.

7 나는 늦게까지 아무것도 못 먹었다. (nothing 아무것도 ~않다)

I _____ till late.

8 나는 열이 내리도록 약을 먹었다. (reduce 떨어트리다, fever 열)

_____.

9 나는 그 약을 6시간마다 먹었다. (every 6 hours 6시간마다)

_____.

10 너무 배가 불러 한 입도 더 먹을 수가 없었다. (another bite 한입 더)

_____.

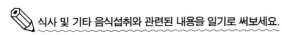 식사 및 기타 음식섭취와 관련된 내용을 일기로 써보세요.

015 쇼핑하러 갔다. ~에/~하러 가다

☑ 나의 영작실력은?

❶ 우리 가족은 유명한 브로드웨이 뮤지컬을 보러 갔다.

→ _____

❷ 나는 실내 스케이트장으로 스케이트를 타러 갔다.

→ _____

── 영어일기가 쉬워지는 영작패턴 ──

091 '~에 가다'는 「go to + 장소」 또는 「go + 장소부사」의 형태로 씁니다. 장소부사
인 there(거기에), home(집으로), downstairs(아래층으로), upstairs(위층으로),
abroad(해외로) 등의 앞에는 전치사 to를 쓰지 않습니다.

우리 가족은 놀이 공원에 갔다. My family went to the amusement park.
우리는 산으로 단풍놀이를 갔다.
We went to the mountain to enjoy the autumn leaves.
나는 위층으로 올라갔다. I went upstairs.

092 go to school(공부하러 가다, 학교에 다니다), go to church(예배 보러 가다, 교
회에 다니다), go to bed(잠자리에 들다)처럼 장소 앞에 관사가 쓰이지 않은 표현
은 '가는 동작'보다 '공부, 예배, 잠 등의 목적'에 초점을 맞춘 경우입니다.

우리 가족은 일요일마다 교회에 간다. My family goes to church every Sunday.
나는 일찍 잠자리에 들어야 했다. I had to go to bed early.

093 '~하러 가다'는 「go for + 명사, go + -ing/to부정사」의 형태로 표현합니다.

우리는 산책하러 갔다. We went for a walk.
나는 오늘 드라이브 가고 싶었다. I wanted to go for a drive today.
엄마와 쇼핑하러 갔다. I went shopping with my mom.
집 근처 수영장으로 수영하러 갔다. I went swimming to the pool near my house.
친구들과 썰매를 타러 갔다. I went sledding with my friends.
우리 가족은 꽃구경을 하러 갔다. My family went to view the flowers.

1 서둘러 학교에 갔다. (in a hurry 서둘러)

I _____ in a hurry.

2 오늘 나는 정말 거기에 가고 싶지 않았다.

Today I really _____ there.

3 나는 늦게 잠자리에 드는 버릇이 있다. (have a habit of -ing ~하는 버릇이 있다)

I have _____.

4 나는 남자친구와 드라이브 가고 싶었다. (go for a drive 드라이브 가다)

I _____ with my boyfriend.

5 나는 아버지와 낚시하러 가는 것을 좋아한다. (go fishing 낚시하러 가다)

I _____ with my dad.

6 어제 우리 가족은 스키를 타러 갔다. (go skiing 스키 타러 가다)

My family _____.

7 나는 새로 개봉된 영화를 보러 갔다. (newly 새로, released 개봉된)

_____.

8 나는 주말마다 등산을 간다. (climb 등산하다, every weekend 주말마다)

_____.

9 그는 DVD를 빌리러 갔다. (rent 빌리다)

_____.

10 나는 자전거 길로 자전거를 타러 갔다. (bicycle path 자전거 길)

_____.

 오늘은 어디를 갔나요? 어딘가 다녀온 이야기를 일기로 써보세요.

016 수영하는 법을 배우고 싶다. ~하고 싶다

☑ **나의 영작실력은?**

❶ 지금 당장 떠나고 싶다. → _____

❷ 나는 지금 그것을 포기하고 싶은 기분이다. → _____

───── **영어일기가 쉬워지는 영작패턴** ─────

094 '~를 하고 싶다, ~하기를 원하다/바라다'라는 표현은 주로 want, hope를 사용하여 나타냅니다. '다른 사람이 ~하기를 원하다/바라다'라고 할 때는 want의 경우 to부정사 앞에 목적격을 써서 나타내고, hope는 that절을 이용하여 표현합니다.

> - **want to** + 동사원형 : ~하기를 원하다, ~하고 싶다
> - **would like to** + 동사원형 : ~하고 싶다(정중한 표현)
> - **want** + 목적어 + **to** + 동사원형 : ~가 …하기를 원하다
> - **hope to** + 동사원형 : ~하기를 바라다
> - **hope (that)** + 주어 + 동사 : ~가 …하기를 바라다

수영하는 법을 배우고 싶다. I want to learn how to swim.
혼자 있고 싶습니다. I'd like to be alone.
나는 내 동생이 그 일을 하기를 원했다. I wanted my brother to do it.
나는 멋진 사람을 만날 수 있기를 바랐다. I hoped to meet a nice person.
나는 그가 빨리 회복되기를 바란다. I hope (that) he will get well soon.

095 '~를 하고 싶은 기분이 들다, ~하고 싶어지다, ~인 기분이다'는 feel like -ing나 「feel inclined to + 동사원형」의 형태로 나타낼 수 있습니다.

영화 보러 가고 싶었다. I felt like going to the movies.
아무것도 하기 싫었다. I didn't feel like doing anything.
나는 요리가 그리 하고 싶지는 않았다. I didn't feel much inclined to cook.
잠자리에 들기 전에 뭔가를 먹고 싶었다.
I felt like eating something before going to bed.
정말이지 포기하고 싶었다. I really felt like giving up.

1 나는 여기저기를 다니고 싶다. (here and there 여기저기)

I _____.

2 우울할 때면 여행을 가고 싶다. (depressed 우울한, take a trip 여행하다)

When I am _____, I _____.

3 나는 이 어려움이 곧 끝나기를 바란다. (difficulty 어려움)

I hope _____ soon.

4 이 더운 날씨가 곧 끝났으면 좋겠다. (weather 날씨)

I hope _____.

5 나는 비가 그치기를 바랐다.

I hoped _____.

6 나는 아무것도 먹고 싶지 않았다. (feel like -ing ~하고 싶다)

_____.

7 나는 소변이 마려웠다. (pee 소변 보다)

_____.

8 나는 날아갈 것 같은 기분이 들었다. (fly away 날아가다)

_____.

9 나는 차멀미 때문에 토할 것 같았다. (vomit 토하다, car sickness 차멀미)

_____ from _____.

10 그들의 노래를 들을 때 나는 춤을 추고 싶은 생각이 들었다.

_____.

 무엇을 하고 싶은가요? 지금 하고 싶은 것에 대하여 일기를 써보세요.

017 나는 그것을 몹시 하고 싶다. 몹시 ~하고 싶다

☑ **나의 영작실력은?**

❶ 나는 꼭 그 멋진 옷을 사고 싶었다. → _____

❷ 나는 냉커피가 몹시 마시고 싶다. → _____

── **영어일기**가 쉬워지는 **영작패턴** ──

096 무엇을 몹시 하고 싶을 경우에는 그것이 하고 싶어 기다리기가 어렵죠. 그래서 '몹시 ~하고 싶다, 빨리 ~하고 싶다'라는 영어표현은 「can't wait to + 동사원형」 즉, '~하는 것을 기다릴 수 없다'라고 표현하거나, 「be eager/anxious to + 동사원형」으로 나타낼 수 있습니다.

나는 그것을 몹시 하고 싶다. I can't wait to do it.
찍은 사진을 빨리 보고 싶었다. I couldn't wait to see the picture that I had taken.
정말 영화 보러 가고 싶었다. I was eager to go to the movies.

097 무언가를 '열망·갈망'한다고 표현할 때는 동사 long, yearn, hunger를 사용할 수 있습니다. long은 '길이가 긴'이라는 형용사로도 쓰이지만, 동사로 '열망하다'라는 의미도 있거든요. '~을 열망·갈망하다'는 「long/yearn/hunger + for + 명사」로, '~하기를 열망·갈망하다, 꼭 ~하고 싶다'는 「long/yearn/hunger + to + 동사원형」으로 표현합니다.

나는 뭔가 새로운 것을 열망하고 있다. I long for something new.
나는 꼭 그 나라에 가고 싶다. I long to visit the country.
나는 초콜릿을 꼭 먹고 싶다. I hunger for chocolate.
나는 꼭 내가 좋아하는 가수를 만나보고 싶었다. I yearned to meet my favorite singer.
나는 꼭 영화배우가 되고 싶다. I yearn to be a movie star.

1 나는 그 상황을 어서 피하고 싶다. (avoid 피하다, situation 상황)

I can't _____.

2 나는 스키가 몹시 타고 싶다. (ski 스키 타다)

I can't _____.

3 나의 새로운 계획에 대해서 꼭 이야기하고 싶었다. (talk about ~에 대해서 이야기하다)

I was _____.

4 우리 삼촌은 아들을 갈망하고 있다. (long for ~를 갈망하다)

My uncle _____.

5 나는 좀 더 따뜻한 날씨이기를 몹시 바라고 있다. (warmer 더 따뜻한)

I _____.

6 나의 잃어버린 시계를 꼭 찾고 싶다. (lost 잃어버린)

I _____.

7 나는 꼭 지붕이 열리는 차를 가지고 싶다. (convertible 지붕 열리는 자동차)

_____.

8 나는 꼭 컴퓨터 프로그래머가 되고 싶다. (programmer 프로그래머)

_____.

9 나는 달콤한 케이크 한 조각이 너무 먹고 싶다. (a piece of cake 케이크 한 조각)

_____.

10 나는 그 회사에서 꼭 일하고 싶었다. (work for ~에서 일하다)

_____.

 간절히 하고 싶은 것에 대하여 일기를 써보세요.

018 그를 만나기를 몹시 기대하고 있다. ~을 몹시 기대하다

☑ **나의 영작실력은?**

❶ 나는 그를 다시 사랑하게 되기를 몹시 기대하고 있다.

→ _____

❷ 그 영화는 우리가 기대했던 것만큼 웃기지는 않았다.

→ _____

영어일기가 **쉬워지는 영작패턴**

098 '~을 몹시 기대하다, ~을 학수고대하다'라는 표현은 「look forward to + 명사」, '~하기를 몹시 기대하다, ~하기를 학수고대하다'라는 표현은 「look forward to + -ing」를 사용하여 나타냅니다. 이 표현에서 to는 전치사이기 때문에 그 뒤에 동사 원형이 아니라 명사나 동명사가 와야 한다는 점에 주의해야 합니다.

나는 내 생일을 몹시 기대하고 있다. I am looking forward to my birthday.

멋진 생일 선물을 기대하고 있다.
I am looking forward to nice presents for my birthday.

우리는 크리스마스 파티를 기대하고 있다.
We are looking forward to the Christmas party.

나는 이번 캠핑이 기대된다. I look forward to this camp.

올해의 첫눈을 기대하고 있다. I am looking forward to the first snow of the year.

곧 그의 소식을 듣기를 기대하고 있다.
I am looking forward to hearing from him soon.

나는 그를 만나기를 학수고대하고 있다. I am looking forward to meeting him.

나는 그의 이메일 받기를 몹시 기대하고 있다.
I am looking forward to receiving his e-mail.

099 '~를 기대하다'의 표현은 hope for 또는 expect, anticipate를 사용하여 표현할 수도 있습니다.

나는 봄이 빨리 오기를 기대한다. I hope for an early spring.

그들은 내게 너무 많은 것을 기대하신다. They expect too much of me.

그들은 내가 항상 최선을 다하기를 기대한다. They always expect me to do my best.

우리는 멋진 휴가를 보내기를 기대하고 있다. We anticipate having a nice vacation.

1 나는 이번 휴가가 몹시 기다려진다.

I am looking _____.

2 나는 나의 첫 해외여행이 몹시 기대된다. (trip abroad 해외여행)

I look _____ my first _____.

3 나는 새로운 문화를 경험하는 것을 몹시 기대하고 있다. (experience 경험하다)

I am looking _____ new cultures.

4 나는 역사 유적지 방문하기를 기대하고 있다. (historic sites 역사 유적지)

I am _____.

5 나는 외국인 친구들을 사귀기를 기대하고 있다. (foreign friends 외국인 친구들)

I _____ to making _____.

6 그들이 내가 그들에게 기념품을 가져다주기를 기대했다. (souvenir 기념품)

They _____.

7 그 가수는 팬들의 열광적인 반응을 기대했다. (enthusiastic 열광적인, response 반응)

The singer _____.

8 그 나라는 내가 기대했던 것보다 더 멋졌다.

The country _____.

9 그들의 문화는 내가 예상했던 것과는 많이 달랐다. (different from ~와 다른)

_____.

10 그 음식은 내가 기대했던 대로 맛있었다. (as ~대로)

_____.

 기대하고 있는 일에 대해 일기를 써보세요.

019 가장 좋아하는 스포츠는 축구이다. 좋아하다/싫어하다

☑ **나의 영작실력은?**

❶ 내가 좋아하는 옷은 미니스커트이다. → _____

❷ 나는 쇼핑을 좋아하지 않는다. → _____

── **영어일기**가 **쉬워지는 영작패턴** ────────────────

100 '~(하기)를 좋아하다'는 「like, love, be fond of + 명사/-ing/to부정사」 등으로 표현합니다. '내가 (가장) 좋아하는 ~'라는 표현은 my favorite ~으로, 'A보다 B를 선호하다'는 prefer B to A, 'A하는 것보다 B하는 것을 선호하다'는 prefer to B rather than A로 표현합니다. 그 외에 좋아하는 것에 대한 표현은 다음처럼 다양합니다.

> 내가 가장 좋아하는 스포츠는 축구이다. My favorite sport is soccer.
> 나는 그것을 좋아한다. I like it. / I am fond of it.
> 나는 그것을 매우 좋아한다. I am keen on it. / I adore it.
> 나는 그것이 마음에 든다. I fancy it.
> 나는 그것을 소중히 여긴다. I cherish it.
> 그것이 내 마음에 든다. It appeals to me.
> 나는 그것이 너무 좋아 미쳐 있다. I am crazy for it.
> 나는 저것보다 이것이 더 좋다. I prefer this to that.
> 나는 거기에 가는 것보다 이곳에 머무르는 것이 더 좋다.
> I prefer to stay here rather than go there.

101 '~(하기)를 싫어하다'는 일반적으로 「don't like, dislike, hate + 명사/-ing/to부정사」의 구문으로 나타내지만, 그 외에도 다음과 같은 표현들이 있습니다.

> 나는 그것을 싫어한다. I don't like it. / I dislike it.
> 나는 그것이 몹시 싫다. I hate/detest/abominate it.
> 내가 가장 싫어하는 것은 시험이다. What I hate most is tests.
> 나는 그를 경멸한다. I despise him. / I look down on him.
> 그 일을 하는 것이 내키지 않는다. I am reluctant to do it.

1 나는 어떤 종류의 운동이든 다 좋아한다. (any kind of 어떤 종류의 ~이든)

I _____.

2 나는 특히 축구를 좋아한다. (especially 특히)

Especially I am _____.

3 나는 TV로 축구 경기 보는 것을 좋아한다. (watch 보다)

I _____ on TV.

4 나는 운동선수처럼 활동적인 사람들이 좋다. (active 활발한, like ~처럼)

I _____ like athletes.

5 내가 좋아하는 축구 선수는 박주영이다. (favorite 좋아하는)

My _____.

6 나는 우리 팀에게 잘하라고 응원하는 것도 좋아한다. (cheer ~ on 응원하다)

I _____.

7 나는 실내 스포츠보다 실외 스포츠가 더 좋다. (outdoor 실외의, indoor 실내 의)

I prefer _____.

8 나는 경기에서 지는 것을 싫어한다. (lose 지다)

_____.

9 나는 조용히 앉아 어떤 일을 하는 것을 싫어한다. (sitting quietly 조용히 앉아)

_____.

10 나는 그냥 앉아서 아무것도 하지 않는 것을 싫어한다.

_____.

 어떤 것을 좋아하고 또 어떤 것을 싫어하나요? 그에 대한 이야기를 써보세요.

020 요리를 잘한다. ~을 잘하다/못하다

☑ **나의 영작실력은?**

❶ 나는 그림을 잘 그린다. → _____

❷ 나는 스포츠를 잘 못한다. → _____

영어일기가 쉬워지는 영작패턴

102 '나는 요리를 잘한다'를 I can cook well.이라고 할 수도 있지만, '~를 잘한다'라는 표현은 「be good at + 명사, -ing」를 써서 나타낼 수도 있습니다. 이 표현은 '~을 익숙하게 잘한다'라는 의미입니다. '~에 숙달되어 잘하다'는 be skilled at ~으로 나타냅니다.

나는 요리를 잘한다. I am good at cooking.
그는 다른 사람들 이야기를 잘한다. He is good at talking about others.
그는 스키에 숙달되어 잘 탄다. He is skilled at skiing.

103 '~를 잘 못한다'라는 표현은 can't ~ well이라고 나타낼 수도 있고, 「be poor at + 명사/-ing」 구문을 사용하여 '~를 잘 못하다, ~에 서툴다'라는 표현을 할 수 있습니다. be clumsy with는 '~에 서툴다', be unfamiliar with는 '~에 익숙하지 않다'라는 의미를 나타냅니다.

나는 암기를 잘 못한다. I am poor at memorizing.
나는 바느질에 서투르다. I am clumsy with sewing.
나는 영어로 말하는 것에 익숙하지 않다. I am unfamiliar with speaking in English.

104 '그는 공부를 잘한다.'라는 문장은 He is good at studying.이라고 하지 않고, He does well in school.이라고 합니다. 하지만 어떤 '과목'을 잘하거나 못할 때는 be good at, be poor at을 사용합니다.

나는 공부를 잘하고 싶다. I want to do well in school.
그는 공부를 못한다. He does poorly in school.
나는 수학을 잘한다. I am good at math.
나는 생물을 잘 못한다. I am poor at biology.

1 우리 아버지는 정원 일을 잘하신다. (gardening 정원 일)

My dad is good _____.

2 나는 속독에 능하다. (speed reading 속독)

I _____.

3 나는 춤을 잘 춘다. (dancing 춤추기)

I _____.

4 나는 컴퓨터를 능숙하게 잘한다. (be accustomed to ~를 능숙하게 잘하다)

I am _____.

5 나는 특히 빵을 잘 굽는다. (bake 빵 굽다)

I am especially _____.

6 나는 노래를 잘 못한다.

_____.

7 나는 글을 잘 못 쓴다.

_____.

8 그는 젓가락질에 서투르다. (chopsticks 젓가락)

_____.

9 나는 달리기를 잘 못한다. (running 달리기)

_____.

10 나는 그 소프트웨어에 익숙하지 않다. (software 소프트웨어)

_____.

 자신이 잘하는 것과 못하는 것에 대해 일기로 써보세요.

021 나를 싫어하는 것 같다. ~인 것 같다

☑ 나의 영작실력은?

❶ 그가 파티에 오지 않을 것 같았다. → _____

❷ 비가 올 것 같았다. → _____

── 영어일기가 쉬워지는 영작패턴 ──

105 '~인 것 같다, ~처럼 보인다'와 같이 어떤 사실을 추측하여 진술할 경우, seem, appear, be likely를 사용하여 표현합니다.

- It seems that + 주어 + 동사(= 주어 + seem to + 동사원형)
- It appears that + 주어 + 동사(= 주어 + appear to + 동사원형)
- It is likely that + 주어 + 동사(= 주어 + be likely to + 동사원형)

그는 나를 싫어하는 것 같다.
It seems that he dislikes me. = He seems to dislike me.
그가 아픈 것 같았다. It seemed that he was sick. = He seemed to be sick.

106 '~인 것 같다'는 think, guess를 사용하여 '~라고 생각하다, ~라고 추측하다'로 바꿔 표현할 수 있으며, '~할 것 같지 않다, ~ 아닐까 의심된다'는 doubt로, '~하지 않을까 두렵다, ~하지 못할 것 같다'는 be afraid 구문으로 나타낼 수 있습니다.

그 남자는 내가 원하는 것은 무엇이든지 다 해줄 것 같았다.
I thought he would do whatever I wanted.
그가 그것을 훔친 것 같다. I guess he stole it.
그녀가 진실을 말할 것 같지 않았다. I doubted that she would tell the truth.
내가 거기에 갈 수 없을 것 같았다. I was afraid that I couldn't go there.

107 「look + 형용사」 구문으로도 '~하게 보인다, ~인 것 같다'를 표현할 수 있으며, 「look like + 명사」는 '~처럼 보인다, ~와 같다'의 의미로 사용됩니다.

그 음식이 맛있을 것 같았다. The food looked delicious.
그녀는 인형 같다. She looks like a doll.

1 오늘은 어제보다 날씨가 더 따뜻한 것 같았다.

It seemed to _____.

2 오늘 내 이상형을 만날 것 같다는 생각이 들었다. (Mr. Right 이상형 남자, Miss Right 이상형 여자)

I thought I would _____.

3 소개팅에 늦을 것 같았다. (blind date 소개팅)

I was afraid _____ for the blind date.

4 한 멋진 남자가 나에게 관심이 있는 것 같았다. (be interested in ~에 관심이 있다)

_____ seemed to be _____.

5 그는 마치 배우 같았다. (actor 배우)

He looked _____.

6 그는 전에 어디에선가 본 사람 같았다. (somewhere 어디에선가)

_____ to be someone _____.

7 그는 나를 좋아하는 것 같았다.

He _____.

8 그는 재치가 있고 재미있어 보였다. (witty 재치 있는)

_____.

8 우리는 서로 천생연분인 것 같았다. (be made for each other 천생연분이다)

_____.

10 오늘 소개팅은 잘 진행된 것 같았다. (go well 잘 진행되다)

Today's blind date _____.

 만남에 관련된 이야기를 일기로 써보세요.

022 곧 유학 갈 생각이다. ~할 생각·계획이다

☑ 나의 영작실력은?

❶ 나는 내일 무엇을 해야 할지 생각 중이다. → _____

❷ 우리는 부모님을 위한 깜짝파티를 할 계획이다.

　→ _____

영어일기가 쉬워지는 영작패턴

108　동사 think는 '~라고 생각한다'의 의미로 쓰일 때는 진행형으로 나타낼 수 없으나, '~하려고 생각 중이다, ~할 생각이다'라고 표현할 때는 be thinking of/about 구문으로 나타냅니다.

　　나는 곧 유학 갈 생각이다. I'm thinking of studying abroad soon.
　　유럽으로 여행 갈 생각이다. I'm thinking of taking a trip to Europe.
　　직장을 그만둘까 생각 중이다. I am thinking about quitting my job.
　　그것을 어떻게 해결해야 할지 생각 중이었다. I was thinking about how to solve it.

109　'~할 계획을 세우다, ~할 계획이다'는 「plan to + 동사원형, be planning to + 동사원형」으로 표현하고 '~을 위한 계획을 세우다'는 make a plan for라고 나타낼 수 있습니다.

　　우리는 노숙자들에게 무료 음식을 제공할 계획이다.
　　We plan to provide free food for the homeless.

　　이번 휴가엔 그냥 집에 있을 계획이다.
　　I am planning to stay at home this holiday.

　　우리는 함께 이틀간의 주말 계획을 세웠다.
　　We made plans for this two-day weekend together.

110　'~할 작정이다, ~하려고 의도하다, ~할 생각이다'는 「intend/mean to + 동사원형」으로 표현합니다.

　　내가 그 일을 할 생각은 아니었다. I didn't intend to do it.
　　나는 그를 해칠 생각이 없었다. I didn't mean to hurt him.
　　그의 감정을 상하게 할 의도는 아니었다. I didn't mean to offend him.

1 나의 미래에 대해서 생각 중이다. (future 미래)

I am thinking _____.

2 나의 계획을 바꾸는 것에 대해 생각 중이다. (change 바꾸다)

I am _____.

3 어떤 것이 도움이 될지 생각 중이다. (helpful 도움이 되는)

I am _____ what will be _____.

4 지금부터 나는 공부를 더 열심히 할 계획이다. (harder 더 열심히)

I _____ to _____ from now on.

5 나는 시골에 있는 별장에서 머물 계획이다. (cottage 별장)

I _____ to _____ in the country.

6 나는 무인도에 갈 계획을 세우고 있다. (desert island 무인도)

_____.

7 나는 챔피언에 도전할 계획이다. (challenge the champion 챔피언에 도전하다)

_____.

8 나는 이번 주말을 위한 특별한 계획들을 세웠다. (special plan 특별한 계획)

_____.

9 나는 내 소유의 사업을 시작할 작정이다. (business 사업)

_____.

10 학교를 졸업하자마자 일자리에 지원할 계획이다. (apply for ~에 지원하다)

_____.

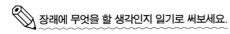 장래에 무엇을 할 생각인지 일기로 써보세요.

023 그녀를 만날 수 있기를 바랐다. ~하기를 바랐으나 못했다

☑ **나의 영작실력은?**

❶ 나는 멋진 선물을 받기를 기대했지만 받지 못했다.

→ _____

❷ 나는 방학을 알차게 보낼 수 있으리라 생각했는데 그러지 못했다.

→ _____

── **영어일기**가 쉬워지는 **영작패턴** ──

111 hope(바라다), wish(소망하다), expect(기대하다), intend(의도이다) 등의 동사가 과거완료로 쓰이면 과거에 이루지 못한 일을 나타내는 '~하려고 바랐으나(소망/기대/의도/작정했으나) 그렇게 되지 않았다'의 의미로, 과거에 이루지 못한 일에 대한 후회나 유감을 나타냅니다. 이런 동사들의 과거형 다음에 완료형 부정사를 써도 의미는 같습니다.

> hope/wish/expect/intend의 과거완료 + that + 주어 + 동사과거
> = hope/wish/expect/intend의 과거완료 + to + 동사원형
> = hope/wish/expect/intend의 과거형 + to have + 과거분사

어제는 그녀를 만날 수 있기를 바랐다.(그러나 만나지 못했다.)
I had hoped that I could see her yesterday.
I had hoped to see her yesterday.
I hoped to have seen her yesterday.
I hoped to see her yesterday, but I couldn't see her.

그 영화를 볼 수 있기를 기대했다.(그러나 보지 못했다.)
I had expected that I would see the movie.
I had expected to see the movie.
I expected to have seen the movie.
I expected to see the movie, but I couldn't see the movie.

그를 성가시게 할 의도는 아니었다.(그러나 성가시게 했다.)
I hadn't intended that I would annoy him.
I hadn't intended to annoy him.
I didn't intend to have annoyed him.
I didn't intend to annoy him, but I annoyed him.

1 그는 아나운서가 되기를 바랐지만 되지 못했다. (announcer 아나운서)

He had hoped to _____.

2 감기에 걸리지 않기를 바랐지만 걸렸다. (catch a cold 감기에 걸리다)

I had hoped not to _____.

3 그와 더 오래 함께 있기를 바랐지만 그렇게 하지 못했다. (stay with ~와 함께 있다)

I had wished _____ longer.

4 그 시험에 합격하기를 바랐지만 떨어졌다. (pass the exam 시험에 합격하다)

I had _____.

5 나는 그 파티에서 그를 보기를 기대했지만 볼 수 없었다.

_____ at the party.

6 나는 그의 파트너가 되길 바랐지만 되지 못했다. (partner 파트너)

_____.

7 나의 모든 소망을 이루길 바랐지만 이루지 못했다. (realize 이루다, wish 소망)

_____.

8 나는 더 많은 용돈을 받기를 기대했지만 많이 받지 못했다. (allowance 용돈)

_____.

9 나는 그의 감정을 상하게 할 의도는 아니었지만 그렇게 했다. (offend ~의 감정을 상하게 하다)

_____.

10 나는 그것을 완벽하게 만들려고 했지만 그렇게 하지 못했다.

_____.

 무슨 일을 하려고 했다가 하지 못했던 경험에 대해 일기로 써보세요.

024 거기 가는 데 한 시간이 걸렸다. 시간이 걸리다, 비용이 들다

☑ **나의 영작실력은?**

❶ 그것을 사려면 너무 많은 돈이 든다. → _____

❷ 내가 클라리넷 부는 법을 배우는 데 많은 노력이 필요했다.

　→ _____

── **영어일기가 쉬워지는 영작패턴** ──

112 '~하는 데 시간이 걸리다, ~하는 데 노력/사람이 필요하다'라는 표현은 동사 take 를 사용하여 다음과 같이 표현합니다.

> ■ It takes + 시간 + to + 동사원형 : ~하는 데 …가 걸리다/필요하다
> ■ It takes + 사람 + 시간 + to + 동사원형 : (-가) ~하는 데 …가 걸리다/필요하다
> = It takes + 시간 + for + 사람 + to + 동사원형

백화점에 가는 데 한 시간이 걸렸다.
It took an hour to go to the department store.

그 일을 하는 데 두 사람이 필요했다. It took two men to do the job.

내가 그 일을 끝내는 데 일주일이 걸렸다.
It took me a week to finish the job.
It took a week for me to finish the job.

그가 그것을 고치는 데 10분이 걸렸다.
It took him ten minutes to repair it.
It took ten minutes for him to repair it.

113 '~하는 데 비용이 든다'는 「It costs + (사람) + 비용 + to + 동사원형」의 구문으로 나타낼 수 있습니다.

컴퓨터를 고치는 데 비용이 많이 들었다.
It cost a lot of money to have my computer repaired.

이를 교정하는 데 비용이 많이 들었다.
It cost me a lot of money to have my teeth straightened.

우리가 그것을 만드는 데 많은 돈이 들었다.
It cost us a lot of money to make it.

1 비자 받는 데 시간이 오래 걸린다. (get a visa 비자를 받다)

It takes a long time to _____.

2 나는 어학연수를 받는 데 비용이 많이 들었다. (language course 어학연수)

It cost me _____ to take _____.

3 아버지는 우리를 교육시키는 데 돈이 많이 들어간다고 하셨다. (educate 교육시키다)

My dad said that it _____ to educate us.

4 그것을 완성하는 데 오랜 시간이 걸렸다. (complete 완성하다)

It took _____ to _____.

5 한 작품을 끝내는 데 많은 인내심이 필요했다. (a lot of patience 많은 인내심)

It took _____ to _____ a piece.

6 옷을 다림질하는 데 시간이 약 10여 분 걸렸다. (iron 다림질하다)

_____ the clothes.

7 조부모님 댁에 가는 데 세 시간이 걸렸다. (reach 이르다)

_____ my grandparents' house.

8 내 감기가 낫는 데 오래 걸렸다. (get over one's cold 감기가 낫다)

_____.

9 숙제를 끝내는 데 하루 종일 걸렸다. (a whole day 하루 종일)

_____.

10 택시로 거기에 가려면 30분이 걸린다. (half an hour 30분)

_____.

 어떤 일을 하는 데 오랜 시간이나 노력이 필요한 적이 있었나요? 그 경험을 일기로 써보세요.

025 그것을 사느라 돈을 조금 썼다. ~하느라 …을 소비하다

☑ **나의 영작실력은?**

❶ 나는 필요 없는 것을 사는 데 많은 돈을 써버렸다.

→ _____

❷ 나는 하루 종일 도서관에서 책을 읽으며 보냈다.

→ _____

영어일기가 쉬워지는 영작패턴

114 '~하느라 시간/돈/노력을 소비하다'는 「spend + 시간/돈/노력 + on + 명사, spend + 시간/돈/노력 + (in) + -ing」의 형태로 나타냅니다. 또한 spend 대신에 expend를 사용하여 표현하기도 합니다.

나는 그 물건을 사느라 돈을 조금 썼다. I spent some money on the item.

컴퓨터를 사는 데 많은 돈을 썼다. I spent a lot of money on the computer.

나는 놀지도 않고 공부만 하는 데 하루를 보냈다.
I spent all day studying without playing.

나는 그것을 사느라 용돈을 다 써버려서 무일푼이 되었다.
I spent all my allowance buying it, so I am broke.

아이들은 노는 데 많은 에너지를 소비한다. Kids expend much energy playing.

115 '~하느라 시간/돈/노력을 낭비하다'는 「waste + 시간/돈/노력 + on + 명사/-ing」의 구문으로 표현합니다.

나는 이런 저런 일에 하루를 낭비하고 말았다. I wasted one day on this and that.

나의 충동구매로, 결국에는 옷에 많은 돈을 낭비하고 말았다.
Because of my impulse shopping, I wasted a lot of money on clothes in the end.

쓸 데 없는 일을 하는 데 낭비했다. I wasted a lot of time doing trivial things.

불필요한 인터넷 서핑에 너무 많은 시간을 낭비하지 않으려고 노력하고 있다.
I'm trying not to waste too much time on unnecessary Internet surfing.

Chapter 02

1 지난 주말을 그저 허송세월로 보냈다. (doing nothing 아무 일도 않고)

I spent last weekend _____.

2 지난 휴일에 TV를 보느라 많은 시간을 보냈다.

I spent _____ last holiday.

3 지난 일요일에는 하루 종일 인라인 스케이트를 타면서 보냈다. (inline skate 인라인 스케이트를 타다)

I _____ all day _____ last Sunday.

4 나는 오락실에서 게임을 하느라 두 시간을 보냈다. (arcade 오락실)

I _____ in the arcade.

5 나는 친구들과 연을 날리느라 오후 내내 보냈다. (fly a kite 연을 날리다)

I _____ with my friends.

6 나는 청소하고 음식을 요리하다가 하루를 다 보냈다. (clean 청소하다)

_____.

7 나는 인터넷 쇼핑을 하느라 많은 돈을 썼다. (shop online 인터넷 쇼핑하다)

_____.

8 우리는 집안을 따뜻하게 할 때 에너지를 낭비하지 않으려고 노력한다. (heat 따뜻하게 하다)

We try not to _____.

9 나는 탐정소설을 읽느라 너무 많은 시간을 낭비했다. (detective story 탐정소설)

_____.

10 나는 쓸데없는 것에 시간과 돈을 낭비하지 않을 것이다. (useless 쓸데없는)

_____.

 오늘은 어디에 얼마를 소비했나요? 소비와 낭비에 관련된 일기를 써보세요.

026 그 시끄러운 소리에 익숙해졌다. `~에 익숙하다, ~하는 버릇이 있다`

☑️ **나의 영작실력은?**

❶ 나는 늦게 자는 것에 익숙하다. → _____

❷ 나는 잠자리에 들기 전에 늘 일기를 쓴다. → _____

── **영어일기**가 **쉬워지는 영작패턴** ──────────────────

116 '~에 습관이 들어 익숙하다, 능숙하다'는 「be used to + 명사/-ing, be accustomed to + 명사/-ing」로 표현할 수 있습니다. '~에 익숙해지다'는 be동사 대신 get, become을 쓰면 됩니다.

나는 그 시끄러운 소리에 익숙해졌다. I became used to the noisy sound.

나는 그 일에 익숙하지 않다. I am not used to the work.

나는 일찍 잠자리에 드는 습관을 가지려고 노력하고 있다.
I am trying to get used to going to bed early.

나는 지각하는 것에 익숙해졌다. I got used to being late.

일찍 일어나는 일에 익숙해졌다. I got accustomed to getting up early.

나는 서양음식에 익숙하다. I am accustomed to Western food.

117 '~하는 버릇이 있다'는 have a habit of -ing, '습관적으로 늘 ~하다'는 「make it a point to + 동사원형, make it a rule to + 동사원형」으로 표현합니다.

나는 코 파는 습관이 있다. I have a habit of picking my nose.

나는 우물거리며 말하는 습관이 있다. I have a habit of mumbling.

나는 무언가를 물어뜯는 버릇이 있다. I have a habit of chewing things.

나는 매일 아침 늦잠을 자는 습관이 있다.
I make it a point to sleep in every morning.

나는 매일 한 시간 이상 꼭 책을 읽는다.
I make it a rule to read books for more than an hour every day.

1 혼자 영화 보러 가는 일이 익숙하지 않다. (go to a movie 영화 보러 가다, alone 혼자)

I am not _____ going _____.

2 나는 그 일에 익숙해질 때까지는 무척 바빴다. (until ~까지, the work 그 일)

I was busy until _____.

3 나는 쓴 보약을 먹는 것에 익숙해지고 있다. (bitter 쓴, restorative medicine 보약)

I am getting _____.

4 나는 그 습관에 익숙해졌다. (habit 습관)

I got _____.

5 나는 영어로 말하는 것에 익숙해지고 있다. (in English 영어로)

I _____ in English.

6 나는 이와 같은 노래에는 익숙하지 않다. (like this 이와 같은)

I am not _____.

7 나는 손톱을 물어뜯는 버릇이 있다. (chew one's nails 손톱을 물어뜯다)

I have _____.

8 나는 다리를 떠는 나쁜 습관이 있다. (shake one's leg 다리를 떨다)

_____.

9 나는 코를 훌쩍거리는 버릇이 있다. (sniffle 코를 훌쩍이다)

_____.

10 나는 저녁을 먹고 나서 습관적으로 늘 산책을 하러 나간다. (go out for a walk 산책하러 나가다)

_____.

 자신의 습관이나 버릇에 대하여 일기를 써보세요.

027 그가 내 손을 잡았다. 신체 접촉

☑ **나의 영작실력은?**

❶ 나는 그의 어깨를 톡톡 쳤다. → _____

❷ 그는 내 얼굴을 빤히 바라보았다. → _____

영어일기가 쉬워지는 영작패턴

신체 부위에 어떠한 동작을 가할 때 쓰는 영어표현은 우리말보다 복잡합니다. '그가 나를 쳤다.'라고 할 때는 He hit me.라고 하지만, '그가 나의 머리를 쳤다.'처럼 어떤 신체 부위를 표현하고자 할 경우에는 He hit my head.라 하지 않고 He hit me on my head.라고 합니다. 즉, 「주어 + 동사 + 목적어 + 전치사 + the + 신체 부위」의 구문으로 나타냅니다.

118 '~를 치다'라는 개념의 행위를 표현하는 동사들, 즉 hit, strike, touch, beat, tap, pat, lash, kiss 등은 보통 신체 부위 앞에 전치사 on을 사용합니다.

그가 내 머리를 쳤다. He hit me on the head.
그가 내 손을 쳤다. He struck me on the hand.
그가 내 뺨을 때렸다. He slapped me on the face.
나는 그녀의 뺨에 입을 맞췄다. I kissed her on the cheek.

119 '~를 잡다'라는 의미를 가진 동사들, 즉 catch, seize, take, hold, grab 등은 신체 부위 앞에 전치사 by를 사용합니다.

그가 내 손을 잡았다. He caught me by the hand.
그녀는 그의 소매를 잡았다. She caught him by the sleeve.
나는 그녀의 손을 잡았다. I took her by the hand.
그는 내 팔을 붙잡았다. He seized me by the arm.

120 '~를 보다'라는 의미의 동사인 look(보다), stare(응시하다) 등은 신체 부위 앞에 전치사 in을 씁니다.

나는 그의 눈을 바라보았다. I looked him in the eyes.
나는 그녀의 얼굴을 응시했다. I stared her in the face.
그는 내 다리를 빤히 바라보았다. He stared me in the legs.

1 그가 갑자기 내 머리를 쳤다. (suddenly 갑자기, hit 치다)

Suddenly he _____.

2 나는 그를 놀라게 하려고 그의 손을 잡았다. (grab 잡다)

I _____ to surprise him.

3 우리 엄마는 매일 아침마다 나의 빰에 뽀뽀를 해주신다. (cheek 빰)

My mom _____ every morning.

4 나는 그를 보자마자 그의 어깨를 쳤다. (as soon as ~하자마자)

_____ as soon as I saw him.

5 그는 한 번도 내 얼굴을 때려본 적이 없다. (slap 손바닥으로 때리다)

He has never _____.

6 선생님께서 회초리로 나의 종아리를 때리셨다. (switch 회초리로 때리다, calf 종아리)

The teacher _____.

7 그는 나의 허리를 잡았다. (waist 허리)

_____.

8 나는 조용히 그의 눈을 바라보았다. (quietly 조용하게)

_____.

9 그는 아무 말 없이 내 얼굴을 쳐다보았다. (without saying a word 아무 말 없이)

_____.

10 나는 항상 그의 손을 잡고 싶다.

_____.

 다른 사람과의 신체 접촉에 대해 일기를 써보세요.

Chapter 02

028 그렇게 말하는 것이 당연하다. 당연하다

나의 영작실력은?

❶ 흡연과 음주가 건강에 해롭다는 것은 당연하다.

→ _____

❷ 그가 그렇게 기분 나빠하는 것은 당연한 일이었다.

→ _____

영어일기가 쉬워지는 영작패턴

121 '~하는 것이 당연하다, 당연히 ~하다'의 의미는 다음처럼 나타낼 수 있습니다.

> - It is natural (for + 사람) to + 동사원형, It is natural that + 주어 + should + 동사원형 : ~가 …하는 것은 당연하다
> - may well + 동사원형 : ~하는 것은 당연하다
> - (It is) no wonder (that) + 주어 + 동사 : ~은 조금도 이상하지 않은 일이다, ~하는 것은 당연하다

그렇게 말하는 것이 당연하다. It is natural to say so.

그가 그렇게 생각하는 것은 당연한 일이다.
It is natural that he should think so. / It is natural for him to think so.

그가 화난 것은 당연한 일이다.
It is natural that he should be angry. / It is natural for him to be angry.

그가 당황한 것은 당연한 일이다. He may well be embarrassed.

그가 오지 않은 것은 당연한 일이었다. It was no wonder that he didn't come.

122 '당연히/마땅히 ~하는 이유가 있다' 또는 '~ 받을 자격이 있다'의 표현은 다음의 구문을 사용할 수도 있습니다.

> - have good reason for -ing, have good reason to + 동사원형 : ~하는 이유가 있다, 마땅히 ~하다
> - deserve : 당연히 ~ 받을 가치/자격이 있다
> - serve ~ right : ~가 당연히 받을 대우이다.

그가 그렇게 행동하는 것은 당연하다. He has good reason to behave like that.

그가 벌을 받는 것은 당연하다. He deserves punishment

그는 상을 받을 만하다. He deserves praise.

나는 그의 벌이 당연하다고 생각했다. I thought his punishment served him right.

1 개가 낯선 사람에게 짖는 것은 당연한 일이다. (bark 짖다)

It's _____ for a dog to _____.

2 그들이 결혼하는 것은 당연한 일이라고 생각한다. (marry 결혼하다)

I think it's _____ for them to _____.

3 그가 나에게 화를 내는 것도 당연한 일이었다. (get angry with ~에게 화내다)

He might _____.

4 부모가 자식을 사랑하는 것은 당연한 일이다.

It's _____ for _____ to _____ their children.

5 가을에 잎이 떨어지는 것은 당연한 일이다. (autumn 가을)

It's _____ that leaves _____.

6 열심히 일한 후에 피곤한 것은 당연한 일이다.

It's _____ to be _____.

7 그녀가 그렇게 우는 것은 당연한 일이다. (like that 그렇게)

She may _____.

8 그가 그 사실을 믿는 것은 당연하다. (believe 믿다)

_____.

9 그가 그 제안을 거절한 것은 당연한 일이었다. (reject 거절하다, offer 제안)

_____.

10 그는 꾸지람 받을 만하다. (scold 꾸짖다)

_____.

 당연하다고 생각되는 일에는 무엇이 있나요? 그에 대한 이야기를 일기로 써보세요.

029 꾸지람을 받았다. ~되다, ~ 받다

❶ 나는 그 선생님에게 벌을 받았다. → _____

❷ 드디어 그 문제들이 해결되었다. → _____

영어일기가 쉬워지는 영작패턴

123 동작을 하는 사람이 주어인 경우의 문장을 능동태라고 하며, 동작을 받는 사람이 주어인 경우를 수동태라고 합니다. 문장의 초점이 동작을 하는 사람에게 있는 경우는 능동태, 동작을 받는 사람에게 있는 경우는 수동태의 문장을 씁니다. 수동태는 주로 행위의 대상을 강조하기 위해 쓰이는 경우가 많습니다. 능동태는 주어가 동작을 직접 하는 문장으로 '~가 …하다'라는 능동의 의미를 갖는 반면, 수동태는 주어가 동작을 받는 문장으로 '~가 …당하다, …하여지다'라는 수동의 의미를 갖습니다.

- **현재수동태** : am/are/is + 과거분사
- **과거수동태** : was/were + 과거분사
- **미래 수동태** : will be + 과거분사
- **현재진행** : am/are/is + being + 과거분사
- **과거진행** : was/were + being + 과거분사

삼촌이 내 자전거를 고쳐주셨다. My uncle repaired my bike.
→ 내 자전거는 삼촌에 의해 수리되었다. My bike was repaired by my uncle.

콜럼버스가 미주대륙을 발견하였다. Columbus discovered the Americas.
→ 미주대륙은 콜럼버스에 의해 발견되었다. The Americas was discovered by Columbus.

124 수동태의 기본적인 형태는 「주어 + be동사 + 과거분사 + by + 목적격」입니다. 주어의 인칭과 동사의 시제에 따라 be동사의 형태가 바뀌며, 행위자가 일반인이거나 명확하지 않을 경우 「by+목적격」은 생략됩니다.

나는 부모님께 꾸지람을 받았다. I was scolded by my parents.
그는 모든 사람들에 의해 사랑을 받았다. He was loved by everybody.
버스가 교통체증 때문에 30분 연착되었다.
The bus was delayed 30 minutes because of the traffic jam.
나는 부상을 입었다. I was injured.

1 우리 집은 지난달에 지어졌다. (last month 지난달에)

My house _____ last month.

2 그 문패는 우리 할아버지에 의해 쓰여졌다. (nameplate 표찰)

The nameplate on the door _____ by _____.

3 이 식탁보는 우리 엄마에 의해 만들어진 것이다. (tablecloth 식탁보)

This tablecloth _____.

4 그 그림은 우리 아버지에 의해 그려진 것이다. (picture 그림)

The picture _____.

5 우리 방은 동생에 의해 정리되었다. (arrange 정리하다)

Our room _____.

6 그 차는 아버지에 의해 세차되었다. (wash 닦다)

The car _____.

7 우리 집들이에 대한 문제가 토의되고 있다. (house warming party 집들이)

The problem about our _____.

8 그들은 우리 집들이에 초대될 것이다. (invite 초대하다)

_____.

9 그들을 위해 많은 음식들이 준비될 것이다. (prepare 준비하다)

_____.

10 그 과일들은 우리 삼촌에 의해 재배된 것이다. (grow 재배하다)

_____.

 남에 의해서 수동적으로 행동했던 일에 대해서 일기로 써보세요.

030 깜짝 놀랐다. _{수동형 감정표현}

☑ **나의 영작실력은?**

❶ 나는 그의 무례한 행동에 기분이 상했다. → _____

❷ 나는 그의 계속되는 변명에 너무 피곤했다. → _____

── **영어일기가 쉬워지는 영작패턴** ──────────────

125 감정을 나타내는 동사들은 주로 타동사가 많습니다. 그래서 감정표현을 하고자 할 때는 수동태의 형식을 취합니다. 예를 들어, surprise는 '놀라게 하다'라는 의미이므로 '놀라다'는 '~에 의해 놀라움을 당하다'처럼 수동태로 써야 합니다.

기쁨, 만족, 흥미 be delighted/pleased 기쁘다, 즐겁다 | be satisfied 만족하다 | be excited 흥분하다 | be interested 흥미가 있다

놀람, 무서움 be surprised/astonished/amazed/startled/shocked 깜짝 놀라다 | be scared/frightened/terrified 무서워하다, 겁내다

화남, 짜증 be upset 화나다 | be offended 성나다, 기분 상하다 | be irritated 짜증나다, 화나다

당황 be confused/embarrassed/puzzled 당황하다

감동 be moved/touched/impressed 감동하다

피곤, 지루 be tired 피곤하다 | be bored 지루해 하다

걱정, 우울 be worried/concerned 걱정하다 | be depressed 우울하다

무서워서 죽을 뻔했다. I was frightened to death.

나는 그렇게 좋은 선물을 받아서 아주 기뻤다.
I was very delighted to receive such a nice gift.

나는 그의 이메일을 받고 기뻤다. I was pleased to receive his e-mail.

그는 나를 보자마자 깜짝 놀랐다. He was astonished upon seeing me.

나는 그의 말에 짜증이 났다. I was irritated with his words.

나는 그가 작별인사도 없이 떠나버려서 당황했다.
I was embarrassed because he left without saying good-bye.

나는 그 경기를 보고 매우 흥분했다. I was very excited to watch the game.

나는 그의 연설에 매우 감동을 받았다. I was deeply impressed by his speech.

1 아빠의 승진 소식을 듣고 기뻤다. (promotion 승진)

I was _____ to hear about _____.

2 나는 그로부터 기쁜 소식을 듣고 흥분되었다. (delightful news 기쁜 소식)

I was _____ to hear _____ from him.

3 나는 그의 멍청한 행동에 기분이 상했다. (stupid behavior 멍청한 행동)

I was _____ by _____.

4 그가 약속을 지키지 않아서 화가 났다. (keep one's promise 약속을 지키다)

I was _____ because he didn't _____.

5 그 우울한 소식에 나는 실망했다. (gloomy 우울한)

I _____ at _____.

6 그분들은 내 성적을 보고 실망하셨다. (grades 성적)

They were _____ to see _____.

7 나는 시험에 떨어져서 매우 낙담했다. (failure of the exam 시험 낙방)

I _____ by _____.

8 나는 그의 특이한 모습에 어리둥절했다. (unusual 특이한, appearance 모습)

_____.

9 나는 그의 갑작스런 웃음에 당황했다. (laughter 웃음)

_____.

10 지갑을 도난당한 것을 알고 나는 매우 당황했다. (be stolen 도난당하다)

_____.

 언제 어떠한 감정을 느꼈는지에 대해 일기를 써보세요.

031 산이 눈으로 덮여 있었다. [수동태전치사]

☑ **나의 영작실력은?**

❶ 그녀는 그녀의 외모에 만족한다. → _____

❷ 그녀의 얼굴은 이 마을에서 모든 사람들에게 다 알려져 있다.

→ _____

--- **영어일기가 쉬워지는 영작패턴** ---

126 감정을 나타내는 동사들은 '~에 (의해)'에 해당하는 표현을 「by + 목적격」 대신 다른 전치사를 써서 나타내는 경우가 많습니다.

---
at을 쓰는 동사 be surprised/astonished/amazed/alarmed/frightened/shocked 깜짝 놀라다
about을 쓰는 동사 be concerned/worried 걱정/염려하다
with를 쓰는 동사 be pleased/delighted/amused 기뻐하다 | be satisfied/contented 만족하다 | be irritated 짜증나다

나는 나의 첫 발표가 걱정되었다. I was worried about my first presentation.
그는 그 소식에 전혀 놀라지 않았다. He was not surprised at the news at all.

127 다음 표현들은 「by + 목적어」 대신에 다른 전치사와 결합해 관용적으로 쓰이는 표현들입니다.

산이 눈으로 덮여 있었다. The mountain was covered with snow.
그녀는 우리에게 시인으로 알려져 있다. She is known to us as a poet.
그 음악가는 그의 놀라운 재능으로 유명하다.
The musician is known for his surprising talent.
사람은 친구를 보면 알 수 있다. A man is known by the company he keeps.
그는 나의 아이디어에 관심이 있었다. He was interested in my idea.
그녀의 눈은 눈물로 가득했다. Her eyes were filled with tears.
그들은 과중한 일로 피곤했다. They were tired with the heavy work.
나는 삶은 달걀을 먹는 데 싫증이 났다. I am tired of eating boiled eggs.
버터는 우유로 만들어진다. Butter is made from milk.
그녀의 방은 가구로 가득하다. Her room is crowded with furniture.

1 나는 등산에 관심이 많다. (hiking in the mountains 등산)

I am ＿＿＿＿＿＿＿＿＿＿＿ in ＿＿＿＿＿＿＿＿＿＿＿＿＿.

2 그 산은 우리에게 한국에서 가장 아름다운 산으로 알려져 있다.

The mountain is ＿＿＿＿＿＿ as the most beautiful mountain in Korea.

3 그 산은 아름다운 것으로 유명하다. (beauty 아름다움)

The mountain is well ＿＿＿＿＿＿＿＿＿＿＿＿＿.

4 그 산은 항상 등산객으로 북적인다. (hiker 등산객)

The mountain is always ＿＿＿＿＿＿＿＿＿＿＿＿.

5 봄에 그 산은 여러 가지 꽃으로 뒤덮인다. (in spring 봄에)

The mountain ＿＿＿＿＿＿＿＿＿＿＿＿＿＿ in spring.

6 나는 우연히 친구와 만나서 기뻤다. (by chance 우연히)

I was pleased ＿＿＿＿＿＿＿＿＿＿＿＿＿.

7 그는 우리에게 숙련된 암석 등반가로 알려져 있다. (skilled 숙련된)

He is ＿＿＿＿＿＿＿＿＿＿ as ＿＿＿＿＿＿＿＿＿＿＿.

8 그는 한 멋진 여성과 약혼했다. (be engaged to ~와 약혼하다)

＿＿＿＿＿＿＿＿＿＿＿＿＿＿＿＿＿.

9 나는 오랜 등산으로 피곤했다. (long hike 오랜 등산)

＿＿＿＿＿＿＿＿＿＿＿＿＿＿＿＿＿.

10 나는 오늘의 등산에 만족했다.

＿＿＿＿＿＿＿＿＿＿＿＿＿＿＿＿＿.

 여러 가지 수동태 문장을 사용하여 이야기를 꾸며보세요.

032 내가 그 사람이라면, 그러지 않을 텐데. 가정법 1

☑ 나의 영작실력은?

❶ 내가 돈이 많으면, 해외여행을 할 수 있을 텐데.

→ _____

❷ 내가 카메라를 가지고 있었더라면, 그의 사진을 찍을 수 있었을 텐데.

→ _____

영어일기가 쉬워지는 영작패턴

128 현재 그렇지 못한 사실과 반대되는 가정을 할 때 나타내는 구문을 '가정법 과거'라고 하며, '만일 ~라면, …할 텐데'의 의미입니다.
형태는 「If + 주어 + 동사 과거 ~, 주어 + 조동사 과거 + 동사원형 ~」으로 나타내며, if절에 be동사가 올 경우에는 was 대신 were를 씁니다.

내가 그 사람이라면, 그러지 않을 텐데.
If I were him, I wouldn't do so.

내가 그의 전화번호를 안다면, 그에게 전화를 할 텐데.
If I knew his phone number, I would call him.

그가 집에 있다면, 전화를 받을 수 있을 텐데.
If he were at home, he could answer the phone.

내가 그것을 산다면, 후회할지도 모르지.
If I bought it, I might regret it.

내가 돈이 충분하다면, 새 휴대폰을 살 수 있을 텐데.
If I had enough money, I could buy a new cell-phone.

129 과거에 그렇지 못했던 사실과 반대되는 일을 가정할 때 '가정법 과거완료' 구문을 사용하는데, 이는 '만일 ~했다면, …했을 텐데'의 의미입니다.
형태는 「If + 주어 + had + 과거분사 ~, 주어 + 조동사 과거 + have + 과거분사 ~」로 나타냅니다.

내가 돈이 충분했다면, 그 유명 상표의 가방을 살 수 있었을 텐데.
If I had had enough money, I could have bought the brand-name bag.

내가 그 진실을 알았다면, 그를 따르지 않았을 텐데.
If I had known the truth, I wouldn't have followed him.

내가 더 열심히 공부했다면, 시험에 합격할 수 있었을 텐데.
If I had worked harder, I could have passed the exam.

1 비가 왔었더라면, 그는 거기에 가지 않았을 텐데.

   If it had rained, he _____.

2 그가 거기에 가지 않았더라면, 사고를 당하지 않았을 텐데. (have an accident 사고를 당하다)

   If he hadn't _____, he _____.

3 그가 좀 더 조심했더라면, 그 사고가 일어나지 않았을 텐데. (happen 일어나다)

   If he had _____, the accident _____.

4 내가 사진기를 가지고 있었더라면, 그 사고 장면을 찍었을 텐데. (take a picture 사진을 찍다)

   If I _____, I _____ of the accident.

5 그가 그것과 부딪혔더라면, 다쳤을 것이다. (hit 부딪히다, be injured 다치다)

   If he _____, he _____.

6 그가 응급 처치를 받지 못했었더라면, 지금 살아 있지 않을 것이다. (first aid 응급처치)

   If he hadn't received _____, he _____.

7 내가 그것을 알았더라면, 그를 방문 했을 텐데. (visit 방문하다)

   If I _____, _____.

8 그가 아프지 않다면, 내 생일 파티에 올 텐데.

   _____.

9 그가 의사의 조언을 잘 따른다면, 더 좋아질 텐데. (get better 좋아지다)

   _____.

10 그가 건강하다면, 나는 그와 데이트를 할 수 있을 텐데. (have a date with ~와 데이트하다)

   _____.

 현재나 과거의 사실과 반대되는 일을 가정하는 이야기로 일기를 써보세요.

033 뭔가 좀 신나는 일이 있으면 좋겠다. 가정법 2

☑ **나의 영작실력은?**

❶ 그에 대해서 좀 더 알면 좋겠다. → _____

❷ 엄마가 그 음식 좀 그만 주셨으면 좋겠다. → _____

영어일기가 쉬워지는 영작패턴

130 현재에 그렇지 못하거나 과거에 그렇지 못했던 사실과 반대되는 소망을 나타낼 때는 wish를 사용하여 다음처럼 표현할 수 있습니다.

> ■ ~라면 좋겠다 : I wish (that) + 주어 + 동사 과거형
> ■ ~했더라면 좋았을 텐데 : I wish (that) + 주어 + had + 과거분사

뭔가 좀 신나는 일이 있으면 좋겠다. I wish something exciting would happen.
이심전심이면 좋겠다. I wish the feeling were mutual.
고양이가 한 마리 있으면 좋겠다. I wish I had a cat.
더운 여름을 건너뛸 수 있으면 좋겠다. I wish we could skip the hot summer.
내가 집에 늦게 들어와도 우리 부모님께서 좀 더 이해를 해주시면 좋겠다.
I wish my parents would be more understanding when I come home late.
그를 만났더라면 좋았을 텐데. I wished I had met him.

131 그외 가정하는 표현으로는 「unless + 주어 + 동사」(~하지 않으면), otherwise/or(그렇지 않으면), without(~이 없다면, ~이 없었더라면), with(~이 있다면, ~이 있었더라면) 등이 있습니다.

거기에 가지 않았다면, 그 선물을 받지 못했을 것이다.
Unless I had gone there, I couldn't have gotten the present.
그는 잠을 자고 있었던 게 틀림없다. 그렇지 않았다면 그 모임에 빠지지 않았을 것이다.
He must have been sleeping. Otherwise, he wouldn't have missed the meeting.
그의 도움이 있었더라면, 성공할 수 있었을 텐데. With his help, I could have succeeded.

1 뭔가 좀 새로운 일이 있으면 좋겠다. (happen 일어나다)

I wish something new _____.

2 내가 슈퍼맨이라면 좋겠다. (Superman 슈퍼맨)

I wish I _____.

3 나는 허리가 날씬했으면 좋겠다. (slim 날씬한, waist 허리)

I wish I had _____.

4 그가 허풍떠는 것을 좀 그만두면 좋겠다. (brag 허풍떨다)

I wish he _____.

5 그가 담배를 끊으면 좋겠다. (stop smoking 담배를 끊다)

I _____.

6 나는 정말 영어를 유창하게 말하고 싶다. (fluently 유창하게)

I wish _____.

7 이번 학기에는 장학금을 탈 수 있으면 좋겠다. (get a scholarship 장학금 타다)

_____ this semester.

8 지난 학기에 공부를 좀 더 열심히 했더라면 좋았을 텐데.

_____ last semester.

9 그가 더 예의바르게 행동했더라면 좋았을 텐데. (behave 행동하다)

_____.

10 그가 없으면, 나는 그 질문들에 답하지 못할 것이다. (answer 답하다)

_____.

 현재나 과거의 일에 반대되는 소망에 대한 이야기를 일기로 써보세요.

034 이제 출발할 시간이다. ~해야 할 시간이다

❶ 회의할 시간이었다. → _____

❷ 나의 미래에 대해 생각해 볼 시간이다. → _____

영어일기가 쉬워지는 영작패턴

132 '~을 할 시간/때이다'의 표현은 「it is time for + 명사, it is time to + 동사원형」의 형태로 나타냅니다. '~가 …할 시간이다'의 표현, 즉 to부정사의 행동을 하는 사람을 나타내야 할 경우에는 to부정사 앞에 「for + 목적격」의 형태로 의미상의 주어를 써서 표현합니다.

아침식사할 시간이었다. It was time for breakfast.
점심식사할 시간이었다. It was time for lunch.
저녁식사할 시간이었다. It was time for dinner.
공부할 시간이었다. It was time for study.
자야 할 시간이었다. It was time to go to bed.

이제 출발할 시간이다. Now it is time to depart.
우리가 출발할 시간이다. It is time for us to depart.

빨래할 시간이다. It is time to do the laundry.
내가 빨래할 시간이다. It is time for me to do the laundry.

아침을 먹을 시간이었다. It was time to have breakfast.
그들이 아침을 먹을 시간이었다. It was time for them to have breakfast.

133 '~가 (벌써) …해야 할 시간이다'는 「it's (high) time (that) + 주어 + 동사 과거형 ~」, 또는 「it's (high) time (that) + 주어 + should + 동사원형」의 구문으로 표현하기도 합니다.

벌써 우리가 작별인사를 해야 할 때이다. It's high time that we said good-bye.
우리가 비밀을 밝혀야 할 때이다. It's time we should reveal the secret.
벌써 개에게 밥을 줘야 할 시간이다. It's high time we should feed the dog.

1 일어날 때가 되었다. (get up 일어나다)

It's time to _____.

2 나가야 할 때가 되었다. (go out 나가다)

_____ to go out.

3 용돈 받을 때가 되었다. (get an allowance 용돈을 받다)

It's _____ to _____.

4 지하철을 탈 때가 되었다. (subway 지하철)

It's _____.

5 내가 그에게 전화해야 할 때가 되었다. (call 전화하다)

It's _____ for _____ to _____.

6 드디어 그를 만날 때가 되었다.

Finally _____.

7 그에게 나의 사랑을 말해야 할 때가 되었다.

_____ that _____.

8 그를 부모님께 소개시켜야 할 때가 되었다. (introduce 소개시키다)

_____.

9 내가 집으로 돌아갈 때가 되었다. (go back 돌아가다)

_____.

10 일기를 쓸 시간이다. (write in one's diary 일기를 쓰다)

_____.

 지금은 무슨 일을 할 때인가요? 일기로 써보세요.

035 그를 괴짜라고들 한다. ~라고들 하다

☑ **나의 영작실력은?**

❶ 적게 먹는 것이 건강에 좋다고들 한다. → _____

❷ 오늘 신문에 의하면, 큰 교통사고가 있었다고 한다.

　→ _____

영어일기가 쉬워지는 영작패턴

134 '~라고들 하다'는 '사람들이 ~라고 한다, ~라고 말하여지다'라는 다음의 구문으로 표현할 수 있습니다.

> People say that + 주어 + 동사 ~ = It is said that + 주어 + 동사 ~
> = 주어 + be said to + 동사원형 (주절의 시제와 that절의 시제가 같을 경우)
> = 주어 + be said to have + 과거분사 (주절의 시제보다 that절의 시제가 앞설 경우)

사람들은 그가 괴짜라고들 한다.
People say that he is a crackpot.
= It is said that he is a crackpot.
= He is said to be a crackpot.

그는 예전에 매우 도도한 사람이었다고들 한다.
= People say that he was a very haughty guy long ago.
= It is said that he was a very haughty guy long ago.
= He is said to have been a very haughty guy long ago.

135 '~라는 소문을 들었다'라는 표현으로 I heard that ~, I am told that ~라고 표현할 수도 있습니다. 또한, 「According to ~, 주어 + 동사」의 구문으로 '~에 의하면, …라고 하다'의 의미를 표현할 수 있습니다.

나는 그 가게가 망해가고 있다고 들었다.
I heard that the store was going out of business.

일기예보에 따르면, 곧 날씨가 좋아질 것이라고 한다.
According to the weather forecast, the weather will improve soon.

1 사람들은 운동이 건강에 좋다고들 한다. (exercise 운동)

People say that _____.

2 운동은 피로를 푸는 것을 돕는다고들 한다. (relax 피로나 긴장을 풀다)

It is _____ that _____.

3 보고에 의하면, 스트레칭이 도움이 될 수 있다고 한다. (stretching 스트레칭)

_____ the report, _____ can be helpful.

4 아침식사를 거르는 것은 나쁘다고들 한다. (skip breakfast 아침을 거르다)

It _____ that it's not good _____.

5 담배는 해롭다고 한다. (harmful 해로운)

People _____.

6 감정을 억제하는 것은 건강에 좋지 않다고들 한다. (repress 억누르다, feelings 감정)

It _____ to repress one's feelings.

7 흡연이 병의 주요 원인이라고들 한다. (major cause 주요 원인, disease 병)

Smoking _____.

8 건강한 생활 방식을 유지하기 위해 운동하는 것이 필요하다고들 한다.
(maintain 유지하다, lifestyle 생활 방식)

_____ a healthy lifestyle.

9 나는 너무 많은 소금은 건강에 좋지 않다고 들었다. (salt 소금)

_____.

10 정기적인 건강검진을 해야 한다고들 한다. (regular checkup 정기 건강검진)

_____.

 사람들이 건강에 대해서 무어라고 하는지에 대해 일기로 써보세요.

Chapter 02

036 그가 나에게 전화를 받으라고 했다. ~가 …하라고 하다

☑ **나의 영작실력은?**

❶ 그는 나에게 친구를 지혜롭게 선택하라고 말했다.

　→ _____

❷ 그가 나보고 음악 듣는 것을 좋아하느냐고 물었다.

　→ _____

─── 영어일기가 **쉬워지는** 영작패턴 ───

136 전달하고자 하는 말이 평서문일 때는, 전달동사로 say, tell을 사용하고 전달 내용을 that절로 쓴 후, 인칭 및 시제를 일치시켜 바꾸어 씁니다.

그는 내가 누구에게나 친절하다고 하였다.
He said, "You are kind to everyone." → He said that I was kind to everyone.

그는 전에 나를 본 적이 있다고 말했다.
He said to me "I have seen you before." → He told me that he had seen me before.

137 전달 내용이 의문문일 때는, 전달동사로 ask를 사용하고, 의문사가 없는 의문문일 경우는 「if/whether +주어 + 동사」의 어순으로, 의문사가 있는 의문문일 경우는 「의문사 + 주어 + 동사」의 어순으로 씁니다. 부탁이나 권유를 나타내는 경우는 「ask ~ to + 동사원형」의 형태로 씁니다.

그는 내가 무엇을 하고 있는지 물었다.
He asked me, "What are you doing?" → He asked me what I was doing.

나는 그에게 나를 차로 태우러 와줄 수 있는지 물어보았다.
I said to him, "Could you pick me up?" → I asked him to pick me up.

138 전달 내용이 명령문일 경우는, 전달동사로 tell, order(명령), advise(조언), ask(부탁) 등을 사용하여 「전달동사 + 목적어 + to + 동사원형」의 형태로 씁니다.

그가 나에게 전화를 받으라고 했다.
He said to me, "Answer the phone." → He told me to answer the phone.

그가 나에게 좀 더 열심히 공부하라고 했다.
He said to me, "Work harder." → He advised me to work harder.

1 엄마는 나에게 무엇을 하고 싶냐고 물으셨다.

My mom asked me what _____.

2 나는 새로운 친구를 사귀고 싶다고 말했다. (make a new friend 새 친구를 사귀다)

I told her that _____.

3 그녀는 나에게 어떤 친구를 갖고 싶은지 물었다. (what kind of 어떤 종류의)

She _____ which kind of _____.

4 나는 그녀에게 유머 감각이 있는 사람이 좋다고 말했다. (sense of humor 유머 감각)

_____ that _____ someone with _____.

5 나는 그에게 나와 친구가 되고 싶은지 물었다. (whether ~인지 어떤지)

I _____ whether he _____.

6 나는 그녀에게 좋은 친구를 사귀었다고 말했다.

_____ that I had made _____.

7 나는 그가 늘 웃기는 이야기를 잘한다고 그녀에게 말했다. (funny 웃기는)

_____.

8 그녀는 나에게 나쁜 사람들을 피하라고 조언해 주셨다. (advise 조언하다, avoid 피하다)

_____ bad kinds of people.

9 그녀는 나에게 성실한 친구가 좋다고 말했다. (sincere 성실한)

_____.

10 그녀는 우리에게 우리의 우정이 영원히 계속되기를 바란다고 말했다. (friendship 우정, last 지속되다)

_____.

 다른 사람이 자신에게 했던 이야기를 일기로 써보세요.

모범일기 04

Holiday at the beach
Too hot, Saturday, 29 July

My family planned to enjoy our holiday at the beach. In the early morning, we headed for the beach. We wanted to avoid the hot summer, swimming in the sea. Because it was the summer holiday season, the traffic on the highway was very heavy. It took seven hours to go there. It seemed that our holiday would end on the road. We got to the beach in the late evening. Today I had hoped to ride a banana boat and sunbathe at the beach. We checked in a hotel near the beach. I will enjoy the waves in a swimming tube and make a sand castle tomorrow. I'm looking forward to tomorrow.

휴가를 해변에서

우리 가족은 휴가를 해변에서 즐기기로 계획을 세웠다. 우리는 아침 일찍 해변으로 향했다. 바다에서 수영을 하면서 피서를 하고 싶었다. 여름 휴가철이기 때문에, 고속도로는 차가 매우 밀렸다. 거기까지 가는 데 7시간이 걸렸다. 우리의 휴가가 도로에서 끝날 것 같았다. 우리는 저녁 늦게 해변에 도착했다. 나는 바나나 보트도 타고 해변에서 일광욕도 하고 싶었지만 오늘은 그럴 수 없었다. 우리는 해변 가까운 호텔에 체크인을 했다. 내일은 모래성도 만들고 수영 튜브를 타고 파도를 즐길 것이다. 내일이 몹시 기대된다.

head for ~로 향하다 | **avoid the hot summer** 피서하다 | **holiday season** 휴가철 | **get to** ~에 도착하다 | **had hoped to + 동사원형** ~하기를 바랐으나 그렇게 하지 못했다 | **sunbathe** 일광욕하다 | **check in** ~에 투숙하다 | **wave** 파도 | **sand castle** 모래성 | **look forward to + 명사/동명사** ~하기를 학수고대하다

PART II
영작을 위한 표현

037 우리가 이길 수 있다. can

☑ **나의 영작실력은?**

❶ 오늘 할 수 있는 일을 내일로 미루지 말라. → _____

❷ 나는 일어를 할 수 있다. → _____

영어일기가 쉬워지는 영작패턴
---

139 조동사는 동사를 도와주는 말로, 그 뒤에는 항상 동사원형을 씁니다. 주어의 수나 인칭에 따라 변화하지 않고 두 개의 조동사를 연달아 쓸 수 없습니다. 부정문은 조동사 바로 뒤에 not을 붙입니다.
능력이나 가능성을 나타내는 '~할 수 있다, ~일 수 있다'라는 표현은 조동사 can을 사용하는데, 이는 be able to로 바꾸어 쓸 수 있습니다.

> ■ ~할 수 있다, ~일 수 있다 : can, be able to
> ■ ~할 수 없다, ~를 못하다 : can not, can't, am/are/is not able to
> ■ ~할 수 있었다(과거형) : could, was/were able to
> ■ ~할 수 있을 것이다(미래형) : will be able to

우리가 그 경기에서 이길 수 있다. We **can** win the game.
그것은 누구에게나 일어날 수 있는 일이다. It **can** happen to anybody.
내 동생은 아직 걷지 못한다. My brother **can't** walk yet.
그에게 돈을 빌려줄 수 없었다. I **couldn't** lend him any money.
나는 그곳에 제시간에 갈 수 없었다. I **was not able to** get there on time.
내가 그 문제를 풀 수 있을 것이다. I **will be able to** solve the problem.

140 can은 허가의 의미를 나타내는 '~해도 좋다'의 의미와 함께, 의문문에서는 요청을 나타내는 '~해도 될까요?'의 의미도 가지고 있습니다.

네 컴퓨터를 써도 되니? **Can** I use your computer?
내 컴퓨터를 써도 된다. You **can** use my computer.

이것 가져도 되니? **Can** I have this?
그것 가져도 된다. You **can** have it.

1 나는 3개의 언어를 말할 수 있다. (language 언어)

I can _____.

2 나는 플루트를 연주할 수 있다. (play the flute 플루트를 연주하다)

I _____.

3 나는 물구나무를 설 수 있다. (stand on one's head 물구나무서다)

I am able _____.

4 나는 그 질문에 답할 수 있었다. (answer 답하다)

I was _____.

5 나는 약속을 지킬 수 없었다. (keep 지키다, promise 약속)

I was not _____.

6 나는 어느 어려움이든 극복할 수 있다. (get over 극복하다, any 어느)

I can _____.

7 나는 휴대폰으로 TV를 볼 수 있다.

_____ with my _____.

8 너는 내 옷을 입어도 된다. (clothes 옷)

You _____.

9 내가 너의 방에 들어가도 되니? (enter ~에 들어가다)

_____.

10 넌 지금 당장 가도 돼. (right now 지금 당장)

_____.

 할 수 있는 것이나 하고 싶은 것에 대하여 일기를 써보세요.

038 꼭 참석해야 한다. must

☑ **나의 영작실력은?**

❶ 부모님께 전화를 해야 했다. → _____

❷ 그 진실을 말할 필요가 없었다. → _____

—— **영어일기**가 **쉬워지는 영작패턴** ——

141 무슨 일을 꼭 해야 할 경우에, 즉 '~해야 한다'라는 표현은 조동사 must를 사용하여 나타낼 수 있는데, 이는 have/has to로 바꾸어 표현할 수도 있습니다.

> ■ ~해야 한다 : must, have/has to
> ■ ~해야 했다(과거형) : must, had to
> ■ ~해야 할 것이다(미래형) : will have to

나는 그 모임에 꼭 참석해야 한다. I must attend the meeting.
거기 갈 때는 유니폼을 입어야 했다. I had to wear my uniform when I went there.
지하철을 갈아타야 할 것이다. I will have to change subway trains.

142 관습이나 양심에 따라 마땅히 해야 할 일을 말할 때는 조동사 should, ought to를 사용하여 '~해야 한다'라는 표현을 사용합니다. 반대로 '~하지 않아야 한다'는 should not, ought not to로 표현합니다.

교통 규칙을 지켜야 한다. We should obey traffic laws.
남의 욕을 하면 안 된다. We should not speak ill of others.
우리는 친구들에게 불손하게 하면 안 된다. We should not be unkind to our friends.

143 '~해야 한다'의 부정형인 don't/doesn't have to(=need not)는 '~하면 안 된다'가 아니라, '~할 필요가 없다'입니다. '~하면 안 된다'는 must not으로, 강한 금지를 나타냅니다. '~할 필요가 있다'는 need to로 표현합니다.

우리는 그것을 준비할 필요가 없다. We don't have to prepare for it.
서두를 필요가 없었다. I didn't have to hurry.
나는 영어공부를 좀 더 열심히 할 필요가 있다. I need to study English harder.
우리는 절대 그 곳에 가면 안 된다. We must not go there.

1 우리는 다음 콘테스트를 준비해야 한다. (prepare 준비하다)

We _____ for the _____.

2 오늘 우리 가족은 조부모님 댁을 방문해야 한다. (visit 방문하다)

Today my family _____ my grandparents.

3 나는 리포트를 다시 써야 했다. (write 쓰다, report 리포트)

I had _____ again.

4 내일 나는 집에 가야 할 것이다. (go home 집에 가다)

I will _____ tomorrow.

5 우리는 부모님 말씀에 복종해야 한다. (obey 복종하다)

We _____ our parents.

6 우리는 무단횡단을 하지 말아야 한다. (jaywalk 무단횡단하다)

We _____.

7 불이 난 경우에, 우리는 119에 전화해야 한다. (in case of ~의 경우에)

In case of a _____, we _____.

8 우리는 건강관리를 잘 해야 할 필요가 있다. (take care of ~를 보살피다)

_____.

9 나는 그것을 살 필요가 없었다. (buy 사다)

_____.

10 우리는 신발을 벗을 필요가 없었다. (take off 벗다)

_____.

 해야 할 일과 할 필요가 없는 일들을 일기로 써보세요.

039 틀림없이 뭔가 문제가 있다. 추측

❶ 그가 아픈 것임에 틀림없다. → _____

❷ 그가 그것을 먹었을 리가 없다. → _____

── 영어일기가 쉬워지는 영작패턴 ──────────

144 현재의 일에 대한 추측은 조동사를 사용하여 다음처럼 표현합니다.

> ■ ~임에 틀림없다. : must + 동사원형
> ■ ~일지도 모른다 : may + 동사원형
> ■ ~일 리가 없다 : can't + 동사원형

틀림없이 뭔가 문제가 있다. Something must be wrong with it.
그것은 틀림없이 내 실수인 것 같다. It must be my fault.
그것은 사실일지도 모른다. It may be true.
그가 시험에 떨어질 리가 없다. He can't fail the exam.

145 과거의 일을 추측하는 경우는 다음처럼 표현합니다.

> ■ ~였음에 틀림없다 : must have + 과거분사
> ■ ~였을지도 모른다 : may have + 과거분사
> ■ ~였을 리가 없다 : couldn't have + 과거분사

그는 화가 난 것임에 틀림없었다. He must have been angry.
나는 배탈이 난 것임에 틀림없었다. I must have had an upset stomach.
소매치기가 있었음에 틀림없었다. There must have been a pickpocket.
그가 그 돈을 가져갔을지도 모른다. He may have taken the money.
그가 옳았을지도 모른다. He may have been right.
그가 거짓말을 했을 리가 없다. He couldn't have told a lie.

1 그는 내가 누구인지 알지도 모른다. (who I am 내가 누구인지)

He _____ who I am.

2 그의 이야기는 거짓임에 틀림없다. (false 거짓의)

His story _____.

3 그가 나에게 그의 휴대폰을 빌려줄 리가 없다. (lend 빌려주다)

He _____.

4 그 입장료가 그렇게 비쌀 리가 없다. (admission fee 입장료)

The admission fee _____.

5 그녀가 그렇게 말하는 것을 보니 토라진 것이 틀림없었다. (sulky 토라진)

She _____ to say so.

6 그는 틀림없이 그 영화를 보았을 것이다.

_____.

7 그는 틀림없이 잠들어 있었을 것이다. (asleep 잠들어 있는)

_____.

8 우리가 같은 학교에 다녔을지도 모른다.

_____.

9 그가 나의 비밀을 알고 있을지도 모른다.

_____.

10 그가 나를 찾았을 리가 없다. (look for ~를 찾다)

_____.

 현재나 과거의 일을 추측하여 일기를 써보세요.

040 미리 준비했어야 했다. 후회·유감

☑️ **나의 영작실력은?**

❶ 나는 그를 도와주었어야 했다. → _____

❷ 우리는 밤에 시내를 돌아다니지 않았어야 했다.

→ _____

영어일기가 쉬워지는 영작패턴

146 과거 사실에 대한 후회나 유감을 나타내는 표현인 '~했어야 했다'는 「should have + 과거분사, ought to have + 과거분사」 구문을 사용하여 표현하고 '~하지 않았어야 했다'는 「should not have + 과거분사, ought not to have + 과거분사」의 구문으로 나타냅니다.

미리 그것을 준비했어야 했다. I should have prepared it in advance.

더 일찍 끝마쳤어야 했다. I should have finished earlier.

좀 더 열심히 일했어야 했다. I should have worked harder.

나는 좀 더 조심했어야 했다. I should have been more careful.

그의 조언을 따랐어야 했다. I should have followed his advice.

거기에 가지 않았어야 했다. I should not have been there.

시간을 낭비하지 말았어야 했다. I should not have wasted my time.

TV를 그렇게 오랫동안 보지 말았어야 했다.
I should not have watched TV for so long.

그를 만나지 말았어야 했다. I should not have met him.

147 '~할 필요가 없었다'는 「need not have + 과거분사」 구문으로 나타낼 수 있습니다. '~할 수도 있었는데 하지 못했다'는 「could have + 과거분사」로 표현합니다.

우산을 가져갈 필요가 없었다. I need not have brought an umbrella.

그것을 미리 살 필요가 없었다. I need not have bought it in advance.

그 일을 할 필요가 없었다. I need not have done the work.

그에게 그 이야기를 할 수도 있었다. I could have told him the story.

모든 일이 잘못될 수도 있었다. Everything could have gone wrong.

1 나는 저축을 더 많이 했어야 했다. (save 저축하다, more 더 많이)

I should have _____.

2 나는 하루에 세 번 그 약을 먹었어야 했다. (take the medicine 약을 먹다)

I should _____ three times a day.

3 나는 배터리를 미리 확인했어야 했다. (check 확인하다, battery 배터리)

I should _____ in advance.

4 나는 좀 더 신중했어야 했다. (prudent 신중한)

I should _____.

5 나는 우회전을 하지 말았어야 했다. (turn right 우회전하다)

I _____.

6 그녀는 그에게 부탁을 하지 말았어야 했다. (ask ~ a favor ~에게 부탁하다)

She _____.

7 나는 그에게 먼저 사과했어야 했다. (apologize to ~에게 사과하다)

I _____ first.

8 나는 식사 후 설거지를 했어야 했다. (do the dishes 설거지를 하다)

_____ after the meal.

9 나는 그의 조언을 따를 필요가 없었다. (follow 따르다, advice 조언)

_____.

10 나는 그의 이야기를 귀담아들을 필요가 없었다. (listen to ~를 귀담아듣다)

_____.

 과거에 했던 유감스럽거나 후회가 되는 일이 있다면 일기로 써보세요.

Chapter 03

041 우리 집에 들르곤 한다. ~하곤 한다/했다

☑ **나의 영작실력은?**

❶ 나는 어릴 때 학교에 지각을 하곤 했다.

→ _____

❷ 나는 매일 밤 잠자기 전에 그에게 전화를 하곤 했다.

→ _____

영어일기가 쉬워지는 영작패턴

148 일상적으로 반복되는 동작, 즉 '~하곤 하다'를 나타낼 때는 '가끔, 이따금씩, 자주'
의 의미를 가진 sometimes, from time to time, now and then, on occasion,
occasionally, often이나 보통, 대개의 의미인 usually 등을 사용하여 표현할 수
있습니다.

그는 가끔 우리 집에 들르곤 한다. He stops by my house **now and then**.
캘리포니아에서는 가끔 지진이 나곤 한다.
From time to time in California, there is an earthquake.
나는 보통 주말이면 영화를 보러 가곤 한다. I **usually** go to a movie on weekends.
그는 자주 밤샘을 하곤 한다. He **often** stays up all night.

149 지금 하는 일은 아니지만 과거에 했었던 규칙적인 습관을 나타내는 '~하곤 했다'나
과거의 상태, 즉 '~였다'를 나타낼 때는 「used to + 동사원형」을 사용합니다. 그리
고 불규칙적으로 반복되었던 과거의 습관을 나타낼 때는 조동사 would를 사용합
니다.

친구와 다투곤 했다. I **used to** quarrel with my friends.
나는 방과 후에 축구를 하곤 했다. I **used to** play soccer after school.
그곳에 우물이 하나 있었다. A well **used to** be there.
나는 맹목적으로 외국 풍습을 따라하곤 했다. I **would** follow foreign customs blindly.
밤이면 아기가 울곤 했다. The baby **would** cry at night.
나는 아침 일찍 일어나 수영을 하러 가곤 했다.
I **would** get up early and go swimming in the morning.
나는 만화책을 읽느라 밤늦게까지 잠을 자지 않곤 했다.
I **would** stay up late to read comic books.

1 나는 가끔 인터넷에서 그와 채팅을 하곤 한다. (chat 채팅하다)

Sometimes I _____ on the Internet.

2 나는 종종 하루 종일 인터넷 서핑을 하곤 한다. (surf the Internet 인터넷 서핑을 하다)

I often _____ all day.

3 나는 보통 여가 시간에 TV를 보며 보내곤 한다. (leisure time 여가 시간)

I usually _____ watching _____.

4 나는 카드놀이를 할 때 가끔 속이곤 한다. (cheat 속이다, cards 카드놀이)

I _____ when playing _____.

5 나는 가끔 실수를 하곤 한다. (make mistakes 실수하다)

_____.

6 나는 매주 토요일에 탁구를 치곤 했다. (table tennis 탁구)

_____ every Saturday.

7 우리 아빠는 젊었을 때 담배를 피셨다.

_____ when he was _____.

8 삼촌의 정원에 큰 나무가 하나 있었다. (garden 정원)

A big tree _____.

9 나는 매주 일요일마다 교회에 다녔다.

_____.

10 나는 어릴 때 게임을 하러 오락실에 가곤 했다. (arcade 오락실)

_____.

 현재 일상적으로 하는 일들이나, 과거에 규칙적 또는 불규칙적으로 했던 일들을 일기로 써보세요.

042 지금 바로 가는 게 좋겠다. ~하는 게 좋다

☑ **나의 영작실력은?**

❶ 우리는 횡단보도를 건널 때 꼭 신호를 지키는 것이 좋다.

→ _____

❷ 우리는 돈을 낭비하지 않는 게 좋다.

→ _____

영어일기가 쉬워지는 영작패턴

150 '~하는 편이 좋다'의 표현은 「had better + 동사원형」을 사용할 수 있는데, 이를 상 대방에게 사용할 경우에는 충고나 권유의 의미가 포함되어 있습니다. 조동사 may/ might as well을 사용하여 '~하는 게 좋다'라는 표현을 나타낼 수 있으며, '차라리 ~하는 게 낫다'는 「would rather + 동사원형」을 사용하여 표현합니다.

지금 바로 가는 게 좋겠다. I had better go right now.

너는 외출할 때 코트를 입는 게 좋겠다.
You had better wear your coat when you go out.

우리는 안전벨트를 매는 게 좋다. We had better fasten our seat belts.

그와 헤어지는 게 좋겠다. I might as well break up with him.

차라리 그 일을 계속하는 것이 좋겠다. I would rather go on doing the work.

차라리 사실을 이야기하는 게 낫겠다. I'd rather tell the truth.

151 '~하지 않는 게 낫다/좋다'의 표현은 「had better not + 동사원형」, 「may/might as well not + 동사원형」, 「would rather not + 동사원형」으로 나타내는데, 이 때 not의 위치에 주의해야 합니다.

오늘 떠나지 않는 게 낫겠다. I had better not leave today.

그 모임에 참석하지 않는 게 낫겠다. I had better not attend the meeting.

너는 늦지 않는 게 좋겠다. You had better not be late.

오늘 밤에 나는 외출하지 않는 게 좋겠다. I might as well not go out tonight.

차라리 거기에 가지 않는 게 낫겠다. I would rather not go there.

다시는 그를 만나지 않는 게 좋겠다. I'd rather not meet him again.

1 나는 전자사전을 이용하는 게 좋겠다. (electronic dictionary 전자사전)

I had _____.

2 너는 시간을 잘 지키는 게 좋겠다. (be punctual 시간을 지키다)

You _____.

3 너는 다시 생각해 보는 게 좋겠다.

You _____.

4 우리는 안전 장비를 착용하는 것이 좋겠다. (safety equipment 안전 장비)

We had _____.

5 우리는 충분한 휴식을 취하려면 일찍 자는 것이 좋다. (enough rest 충분한 휴식)

We _____.

6 지금 내가 다시 시작하는 게 낫겠다.

I may _____.

7 내가 차라리 그것을 포기하는 게 낫겠다. (give up 포기하다)

I'd _____.

8 너는 아무나 믿지 않는 게 좋겠다. (rely on ~를 신뢰하다)

You _____.

9 우리는 친구들을 놀리지 않는 게 좋다. (bully 약한 자를 놀리다)

_____.

10 나는 차라리 그런 일은 하지 않는 게 좋겠다. (such a thing 그러한 일)

_____.

 어떤 일을 하는 게 좋은지, 어떤 일을 하지 않는 것이 좋은지에 대해 일기를 써보세요.

Chapter 03

043 차라리 이야기하는 게 낫겠다. ~하느니 차라리

☑ **나의 영작실력은?**

❶ 해외여행을 가느니 국내일주를 하는 게 낫겠다.

→ _____

❷ 포기하느니 다시 시작해 보는 것이 좋겠다.

→ _____

영어일기가 쉬워지는 영작패턴

152 '~하느니 차라리 …하는 게 낫다'라는 표현은 may as well … as ~ 또는 would rather … than ~을 사용합니다.

그 비밀을 지키느니 차라리 이야기하는 게 낫다.
I may as well tell **as** keep the secret.

그와 영화를 보러 가느니 차라리 집에 있는 것이 낫다.
I may as well stay at home **as** go to the movies with him.

걷느니 차라리 택시를 타겠다. **I would rather** take a taxi **than** walk.

쉬느니 차라리 운동을 하겠다. **I would rather** exercise **than** take a rest.

내일로 미루느니 차라리 오늘 하는 게 낫겠다.
I'd rather do it today **than** put it off till tomorrow.

다른 사람에게 그 일을 하라고 시키느니 내가 하는 것이 낫겠다.
I'd rather do it myself **than** have someone else do it.

계속 진행하느니 차라리 포기하는 게 낫겠다. **I'd rather** give up **than** keep going.

이메일을 보내느니 차라리 전화를 거는 게 낫겠다. **I'd rather** call **than** send an e-mail.

153 A rather than B는 'B보다는 차라리 A'라는 의미를 표현할 때 사용됩니다.

그는 의사보다는 차라리 생물학자가 되고 싶었다.
He wanted to be a biologist **rather than** a doctor.

나는 사과보다는 차라리 배를 먹겠다. **I'd like** pears **rather than** apples.

1 그것을 하느니 차라리 죽는 게 낫겠다. (die 죽다)

I'd rather _____ than _____.

2 버스를 타느니 차라리 걷는 게 낫겠다. (take a bus 버스를 타다)

I'd rather _____.

3 그를 만나느니 차라리 잠을 자는 게 낫겠다. (sleep 잠자다)

I'd _____.

4 그에게 전화를 하느니 차라리 방문하는 게 낫겠다. (visit 방문하다)

I'd _____.

5 그 책을 읽느니 차라리 영화를 보는 게 낫겠다.

I'd _____.

6 그 음식을 먹느니 차라리 물을 마시는 게 낫겠다. (drink water 물을 마시다)

_____.

7 공부를 하느니 차라리 축구를 하는 게 낫겠다.

_____.

8 나는 걷는다기보다는 차라리 뛰었다.

_____.

9 나는 가수라기보다는 차라리 작곡가가 되고 싶었다. (composer 작곡가)

_____.

10 나는 요구르트보다는 차라리 우유를 마시겠다. (yogurt 요구르트)

_____.

 어떤 일보다 차라리 다른 일을 하는 것이 좋았던 경험을 일기로 써보세요.

Chapter 03

Alumni meeting

Fair, Monday, 5 September

There was an alumni meeting today. I longed to meet my old friends. However, I was so busy, so I thought I would not be able to attend the meeting. Fortunately I was able to change my schedule so that I could have time to go there. On the way to the meeting place, I thought I had to change the subway trains, but I didn't have to do so. Since I didn't know exactly the way there, I had to ask some passengers to show me the way. I wished I had taken a taxi. When I arrived, many friends were already there. I was very happy to meet them. Before arriving there, I wondered if I could recognize all of them. I couldn't remember some of them. I should have met and kept contact with them from time to time. We talked to one another about our old memories. We had a pleasant time till late.

동창회

오늘은 동창회가 있었다. 나는 옛 친구들이 몹시 보고 싶었다. 하지만 너무 바빠서 난 모임에 참석할 수 없을 것 같았다. 다행히도 스케줄을 바꿀 수 있어서 거기에 갈 시간이 있었다. 그 모임 장소에 가는 길에, 나는 지하철을 바꾸어 타야 한다고 생각했다. 하지만 그럴 필요가 없었다. 거기에 가는 길을 확실히 몰라서 지나가는 사람들에게 길을 물어야 했다. 택시를 탔으면 좋았을 텐데. 내가 도착했을 때, 많은 친구들이 벌써 와 있었다. 그들을 보니 매우 행복했다. 그곳에 도착하기 전에는, 내가 그들 모두를 못 알아볼 것 같았다. 그들 중 몇몇은 기억이 나지 않았다. 가끔씩이라도 그들과 만나고 연락을 취했어야 했다. 우리는 옛 추억에 대해 서로 이야기했다. 우리는 늦게까지 즐거운 시간을 가졌다.

alumni meeting 동창회 | long to + 동사원형 ~하기를 몹시 바라다 | attend ~에 참석하다 | on the way to ~로 가는 중에 | exactly 정확히 | passenger 승객, 행인 | wonder if ~일까 생각하다 | recognize 알아보다 | keep contact with ~와 계속 연락을 취하다 | from time to time 가끔 | memory 추억 | one another (여럿일 때) 서로

PART II
영작을 위한 표현

044 수영장에 가려고 일찍 일어났다. ~하기 위해

☑ 나의 영작실력은?

❶ 나는 보고서를 작성하기 위해 인터넷을 검색했다.

→ _____

❷ 나는 건강 검진을 받기 위해 예약을 했다. → _____

영어일기가 쉬워지는 영작패턴

154 '~하려고, ~하기 위해, ~하도록'의 표현을 나타내기 위해서 가장 간단히 사용되는 구문이 「to + 동사원형」입니다. to부정사의 부사적 용법으로 사용되는 것이지요. 또한 「so as to + 동사원형, in order to + 동사원형」으로도 표현할 수 있습니다. 「for the purpose of + 명사/동명사」는 '~할 목적으로'입니다.

수영장에 가려고 일찍 일어났다.
I got up early **to** go to the swimming pool.

나는 요즘 살을 빼려고 운동을 하고 있다.
I work out **to** lose weight these days.

기차 시간에 맞추려고 빨리 달려갔다.
I ran fast **so as to** be on time for the train.

정보를 좀 더 얻기 위해 여행사에 갔다.
I went to the travel agency **in order to** get more information.

나는 그를 만날 목적으로 거기에서 기다리고 있었다.
I was waiting there **for the purpose of** meeting him.

155 '~가 …하기 위해, ~가 …하도록'의 표현은 「so that/in order that + 주어 + will/ can/may/might + 동사원형」의 구문으로 나타냅니다.

나는 그에게 줄 선물을 사기 위해 돈을 모았다.
I saved money **so that** I **might** buy a present for him.

그는 키가 더 크도록 우유를 많이 마신다.
He drinks a lot of milk **so that** he **might** grow more.

내가 시간 안에 그 일을 끝마칠 수 있도록 엄마가 도와주었다.
My mom helped me **in order that** I **could** finish the work on time.

1 나는 유럽을 여행하기 위해 돈을 저축했다. (save 저축하다, take a trip 여행하다)

I _____ to _____ to Europe.

2 나는 돈을 좀 저축하려고 그것을 사지 않았다.

I _____ to _____.

3 나는 살을 빼기 위해 많이 먹지 않는다. (lose weight 살을 빼기 위해)

I don't eat much _____.

4 나는 시험에 합격하기 위해 공부를 열심히 할 것이다. (pass the exam 시험에 합격하다)

I will _____.

5 우리는 나중에 먹으려고 그것을 냉동실에 넣었다. (freezer 냉동실)

We put it _____ later.

6 나는 더 잘 볼 수 있게 안경을 닦았다. (see better 더 잘 보다)

I cleaned _____.

7 나는 그를 따라잡기 위해 더 열심히 공부할 것이다. (catch up with ~를 따라잡다)

_____.

8 나는 마음의 긴장을 풀기 위해 명상을 한다. (meditate 명상하다, relax 긴장을 풀다)

_____.

9 나는 그의 전화를 받기 위해 항상 휴대폰을 가지고 다닌다. (carry 가지고 다니다)

_____.

10 나는 맛있는 요리를 만들기 위해 신선한 재료를 사용했다. (ingredient 재료)

_____.

Chapter 04

 어떤 목적을 위해 어떤 일을 했었는지에 대해 일기를 써보세요.

045 늦지 않으려고 서둘렀다. ~하지 않으려고

☑ **나의 영작실력은?**

❶ 신용카드를 더 이상 사용하지 않으려고 가위로 잘라버렸다.

→ _____

❷ 나는 체하지 않으려고 천천히 먹었다. → _____

── **영어일기**가 쉬워지는 **영작패턴** ──

156 to부정사 앞에 not을 쓰면, 즉 '~하지 않으려고, ~하지 않기 위해, ~하지 않도록'의
의미를 표현하며, 「so as not to + 동사원형, in order not to + 동사원형」의 구문
으로 나타낼 수도 있습니다.

늦지 않으려고 서둘렀다. I hurried up **not to** be late.

실수하지 않으려고 조심했다. I was careful **not to** make a mistake.

기차를 놓치지 않으려고 뛰어갔다. I ran **so as not to** miss the train.

나는 지각으로 인한 꾸중을 듣지 않기 위해 서둘러 가야 했다.
I had to leave in a hurry **in order not to** be scolded for being late.

나는 나쁜 자리를 얻지 않으려고 콘서트에 일찍 갔다.
I went to the concert early **so as not to** get a bad seat.

157 '~가 …하지 않기 위해, ~가 …하지 않도록'은 「so that + 주어 + won't/may not/
can't + 동사원형」의 구문으로 표현합니다. 또는 「lest + 주어 + should + 동사원형」
의 형태로 나타낼 수도 있는데, 이때 조동사 should는 생략되기도 합니다. lest 자
체에 부정의 의미가 있으니 「lest + 주어 + should not + 동사원형」의 형태로 쓰지
않도록 주의해야 합니다.

내 계획이 허사가 되지 않도록 모든 노력을 다할 것이다.
I will make every effort **so that** my plan **won't** end up as nothing.

비가 들어오지 않도록 창문을 닫았다.
I closed the windows **so that** the rain **couldn't** blow in.

나는 모임에 늦지 않도록 일찍 일어났다.
I got up early **so that** I **would not** be late for the meeting.

나는 그와의 약속을 깨뜨리지 않기 위해 최선을 다했다.
I did my best **lest** I **should** break my promise with him.

1 나는 넘어지지 않으려고 조심했다. (careful 조심하는, fall down 넘어지다)

I was _____ not to _____.

2 우리는 다치지 않기 위해서 안전규칙을 지켜야 한다. (safety tips 안전규칙, get hurt 다치다)

We have to keep the _____ not to _____.

3 나는 모임에 늦지 않으려고 서둘렀다. (hurry up 서두르다)

I _____ for the meeting.

4 나는 그를 실망시키지 않으려고 최선을 다했다. (disappoint 실망시키다)

I did my best _____.

5 나는 당황하지 않으려고 그를 쳐다보지 않았다. (be upset 당황하다)

I didn't look _____.

6 나는 감정을 드러내지 않으려고 눈을 감았다. (reveal 드러내다)

I _____ my feelings.

7 나는 살찌지 않으려고 과식하지 않는다. (overeat 과식하다, gain weight 살찌다)

_____.

8 나는 시대에 뒤떨어지지 않으려고 노력한다. (fall behind the times 시대에 뒤떨어지다)

_____.

9 나는 불필요한 물건들은 사지 않으려고 목록을 만들었다. (unnecessary 불필요한)

_____.

10 내년에는 실패하지 않도록 노력할 것이다. (fail 실패하다)

_____.

 어떤 것을 막으려는 목적으로 무언가를 했던 경험을 일기로 써보세요.

046 수영할 시간이 없었다. ~할/~하는

☑ 나의 영작실력은?

❶ 하루 종일 할 일이 매우 많았다. → _____

❷ 생각해 봐야 할 문제가 하나 있다. → _____

영어일기가 쉬워지는 영작패턴

158   '~할, ~하는, ~해야 할'의 의미로 형용사처럼 명사나 대명사를 꾸며주는 말은 어떻게 표현할까요? 이럴 때는, to부정사를 사용하면 됩니다. 「명사 + to + 동사원형」의 구문으로 to부정사가 앞에 있는 명사를 수식하면서 '~할 …'라는 의미를 나타냅니다.

수영할 시간이 없었다. I had no time to swim.
우물쭈물할 시간이 없었다. I had no time to lose.
내가 저녁을 준비해야 할 차례였다. It was my turn to cook dinner.
나는 마실 물이 좀 필요했다. I needed some water to drink.
읽어야 할 책이 많았다. I had many books to read.
끝내야 할 숙제가 있었다. I had homework to finish.

159   형용사의 역할을 하는 to부정사를 이용하여 영작할 때 주의해야 할 사항이 있습니다. 예를 들어, '함께 놀 친구'라는 표현을 영어로 할 때 friends to play라고 하기가 쉬우나 to부정사가 수식하는 명사와 to부정사의 동사 사이에 전치사가 필요할 경우는 동사 뒤에 전치사를 꼭 써야 합니다.
'친구들과 놀다'는 play with friends라고 표현하기 때문에 '함께 놀 친구'는 friends to play with라고 씁니다.

나는 함께 놀 친구가 별로 없었다. I had few friends to play with.
나는 위에 앉을 것을 아무것도 찾지 못했다. I didn't find anything to sit on.
나는 가지고 쓸 펜이 없었다. I had no pen to write with.
나는 내가 믿고 의지할 부모님이 안 계시다. I don't have any parents to depend on.
나는 처리해야 할 일이 많았다. I had many things to deal with.
그건 걱정할 일이 아니었다. It was nothing to worry about.

1 나는 달성해야 할 많은 일이 있다. (achieve 달성하다)

I have _____ to _____.

2 나는 조사해야 할 자료가 많았다. (material 자료, look into 조사하다)

I had _____ to _____.

3 나는 제출해야 할 보고서가 있었다. (paper 보고서, hand in 제출하다)

I had _____ to _____.

4 나는 내일 해야 할 다른 중요한 일들이 있다. (other important 다른 중요한)

I have _____ tomorrow.

5 나는 차에서 읽을 잡지책이 하나 필요했다. (magazine 잡지책)

I needed _____ in the car.

6 나는 빨아야 할 옷이 많았다. (plenty of 많은, wash clothes 빨래하다)

I had _____.

7 재활용은 지구를 보호하는 많은 방법 중 하나이다. (recycling 재활용)

Recycling is one of _____.

8 나는 극복해야 할 핸디캡이 하나 있다. (handicap 핸디캡, overcome 극복하다)

I _____.

9 봐야 할 새로 개봉된 영화가 하나 있다. (released 개봉된)

There _____.

10 나는 드라이클리닝해야 하는 옷이 몇 벌 있다. (dry-clean 드라이클리닝하다)

_____.

 '~해야 할 …' 구문을 이용하여 일기를 써보세요.

047 그를 만나서 반가웠다. ~해서, ~하다니

☑ **나의 영작실력은?**

❶ 나는 그가 가버린 것을 알고 놀랐다. → _____

❷ 불에 타는 건물에 뛰어 들어가다니 그는 틀림없이 용감하다.

　　→ _____

┌─ **영어일기**가 쉬워지는 **영작패턴** ─────────────────────

160 '~해서, ~하니, ~하다니'를 나타내는 표현은 to부정사를 이용해 쓸 수 있습니다. 이
는 to부정사가 원인이나 이유를 나타내는 경우로 주로 감정의 원인을 나타내는 표
현에 많이 쓰입니다.

나는 그를 만나서 반가웠다. I was glad **to** see him.
나는 그녀가 가는 것을 보니 슬펐다. I was sad **to** see her go.
나는 그 광경을 보고 매우 즐거웠다. I was delighted **to** see the scene.
나는 그 소식을 듣고 기뻤다. I was pleased **to** hear the news.
나는 그의 실패 소식을 듣고 깜짝 놀랐다. I was surprised **to** hear about his failure.

161 '~를 보니, ~하다니'의 표현은 판단의 이유를 나타내는 to부정사를 사용해 나타낼
수 있습니다. 이는 주로 must be(~임에 틀림없다), can't be(~일 리가 없다) 구문
과 함께 쓰입니다.

그가 그렇게 빨리 달리는 것을 보니 급한 것임에 틀림없다.
He must be in a hurry **to** run so fast.

복권에서 1등에 당첨되다니 그는 운이 좋음에 틀림없다.
He must be lucky **to** win first prize in the lottery.

그가 그 어려운 문제를 해결하다니 틀림없이 똑똑할 것이다.
He must be clever **to** solve the difficult problem.

나에게 돈을 부탁하는 것을 보니 그는 부자일리가 없다.
He can't be rich **to** ask me for money.

내 초대를 거절하다니 그는 틀림없이 화가 났음에 틀림없다.
He must be angry **to** reject my invitation.

1 나는 못 보았던 친구들을 오랜만에 만나서 행복했다. (in a long time 오랜만에)

I was _____ to _____ I hadn't seen in a long time.

2 나는 그를 우연히 만나서 반가웠다. (come across 우연히 만나다)

I _____ to _____ him.

3 나는 그 슬픈 장면을 보고 눈물을 흘렸다. (weep 눈물을 흘리다, scene 장면)

I wept _____.

4 그와 사랑에 빠져서 정말 행복하다. (fall in love with ~와 사랑에 빠지다)

I am really _____ to _____.

5 나는 그의 바보 같은 이야기를 듣고 화가 났다. (listen to ~를 듣다)

I got _____ to _____.

6 그렇게 말하는 것을 보니 그는 정직함에 틀림없다.

He must _____ to _____.

7 그것을 사는 것을 보니 그는 미쳤음에 틀림없다. (crazy 미친)

_____.

8 가난한 사람들을 도와주다니 그는 훌륭하다. (the poor 가난한 사람들)

_____.

9 그가 그녀의 이야기를 믿다니 바보임에 틀림없다. (fool 바보)

_____.

10 그가 그렇게 행동하는 것을 보니 화가 난 것이 틀림없다. (like that 그렇게)

_____.

 어떤 원인으로 인해 무슨 감정을 느꼈는지를 일기로 써보세요.

048 어찌해야 할지 몰랐다. 의문사 + to부정사

☑ **나의 영작실력은?**

❶ 문제는 언제 그 일을 끝내야 하느냐 하는 것이었다.

→ _____

❷ 어떻게 하느냐가 무엇을 하느냐보다 중요하다.

→ _____

영어일기가 **쉬워지는 영작패턴**

162 「의문사 + to부정사」의 구문은 명사구의 역할을 하며, 주어, 목적어, 보어로 사용될 수 있고, 「의문사 + 주어 + should + 동사원형」으로 바꾸어 쓸 수 있습니다.

> ■ who to + 동사원형 : 누가 ~해야 하는지, 누굴 ~해야 하는지
> ■ when to + 동사원형 : 언제 ~해야 할지
> ■ where to + 동사원형 : 어디에서 ~해야 할지
> ■ what to + 동사원형 : 무엇을 ~해야 할지
> ■ how to + 동사원형 : 어떻게 ~해야 할지, ~하는 방법
> ■ which one to + 동사원형 : 어떤 것을 ~해야 할지

나는 어찌 해야 할지 몰랐다. I didn't know how to do it.
= I didn't know how I should do it.

그가 나에게 어디로 가야 할지 알려주었다. He told me where to go.
= He told me where I should go.

나는 무엇을 해야 할지 몰랐다. I didn't know what to do.

어떤 가방을 선택해야 할지 몰랐다. I didn't know which bag to choose.

나는 운전을 할 줄 모른다. I don't know how to drive a car.

나는 언제 그를 만나야 할지 몰랐다. I didn't know when to meet him.

나는 컴퓨터 사용법을 모른다. I don't know how to use the computer.

163 '~해야 할지 말아야 할지, ~인지 아닌지'는 「whether to + 동사원형 + or not」 구문으로 표현합니다.

가야 할지 말아야 할지 결정하지 못했다.
I didn't decide whether to go or not.

나는 선생님이 될지 말지 확신하지 못하겠다.
I am not sure whether to be a teacher or not.

1 어떻게 감사를 표현해야 할지 몰랐다. (express 표현하다, gratitude감사)

I didn't know how _____.

2 무슨 옷을 입을지 아직 결정하지 못했다. (which clothes 어떤 옷)

I didn't decide yet _____.

3 나는 무엇을 사야할지 선택할 수 없었다.

I couldn't choose _____.

4 나는 언제 출발해야 하는지 알고 싶었다.

I wanted _____.

5 나는 무슨 말을 해야 할지 몰랐다.

I didn't _____.

6 누구에게 조언을 부탁해야 할지 몰랐다. (ask for advice 조언을 부탁하다)

I didn't _____.

7 그가 내게 무엇을 먼저 해야 할지 조언해 주었다. (advise 조언하다)

He advised me on _____.

8 나는 어느 출구를 이용해야 하는지 몰랐다. (which exit 어느 출구)

_____.

9 나는 그 떡 만드는 법을 알고 있다. (rice cake 떡)

_____.

10 친구들이 나에게 춤 잘 추는 방법을 가르쳐주었다.

_____.

 무엇을 해야 할지, 어디로 가야 할지 몰라 방황했던 일들을 일기로 써보세요.

Chapter 04

049 요리는 즐겁다. 동명사

☑ **나의 영작실력은?**

❶ 나는 만화책 10권 읽는 것을 끝냈다. → _____

❷ 나의 사랑이 식기 시작했다. → _____

─── **영어일기가 쉬워지는 영작패턴** ───

164 다음의 동사들은 주로 동명사(-ing)를 목적어로 취합니다.

- -
enjoy 즐기다 | finish 끝마치다 | avoid 피하다 | practice 연습하다, 실천하다 | mind 꺼려하다, 싫어하다 | postpone, put off 연기하다 | give up 포기하다 | admit 인정하다 | deny 부인하다
- -

나는 요리하는 것이 즐겁다. I enjoy cooking.

나는 음악 듣는 것을 즐긴다. I enjoy listening to music.

그곳에 가는 것을 피할 수가 없었다. I couldn't avoid going there.

나는 매일 피아노 치는 것을 연습한다. I practice playing the piano every day.

그는 거짓말한 것을 부인했다. He denied having told a lie.

나는 그것에 대해 토론하는 것을 연기했다. I postponed discussing it.

우리 아버지는 담배 피는 것을 포기하셨다. My dad gave up smoking.

나는 실수한 것을 인정했다. I admitted having made a mistake.

165 like, love, hate, dislike, begin, start, continue 등의 동사는 to부정사와 동명사를 모두 목적어로 취할 수 있습니다.

나는 단체로 여행하는 것을 좋아한다.
I like to take group tours. = I like taking group tours.

나는 그 지루한 일을 하기가 싫었다.
I hated to do the boring work. = I hated doing the boring work.

그는 갑자기 울기 시작했다.
He began to cry suddenly. = He began crying suddenly.

나는 세 시간 동안 계속해서 노래를 불렀다.
I continued to sing for three hours. = I continued singing for three hours.

1 오늘은 일찍 저녁식사를 마쳤다. (early 일찍)

Today I _____.

2 우리 아버지는 몇 달 전에 술을 끊으셨다. (give up 포기하다)

My dad _____ a few month ago.

3 나는 자주 인터넷으로 컴퓨터 게임을 즐긴다. (on the Internet 인터넷으로)

I often _____.

4 나는 친구들과 공 차는 것을 연습했다. (kick the ball around 공을 차다)

I _____ with my friends.

5 나는 시험 중 커닝한 것을 인정했다. (cheat 커닝하다)

_____ in the exam.

6 나는 미술 전시회에 가는 것을 좋아한다. (art exhibition 미술 전시회)

_____.

7 나는 군것질하는 것을 좋아한다. (eat between meals 군것질하다)

_____.

8 구름이 하늘을 덮기 시작했다. (cover 덮다)

Clouds _____.

9 비가 계속 내렸다. (continue 계속 ~하다)

_____.

10 물이 끓기 시작했다. (boil 끓다)

_____.

 동명사를 목적어로 취하는 동사들을 사용하여 일기를 써보세요.

Chapter 04

050 거절하지 않을 수 없었다. 동명사 2

☑ 나의 영작실력은?

❶ 나는 그의 행동에 놀라지 않을 수 없었다. → _____

❷ 나는 그를 어리석다고 생각하지 않을 수 없었다.

→ _____

┌─ **영어일기가 쉬워지는 영작패턴** ─

166 '~하지 않을 수 없다, ~할 수밖에 없다'는 cannot help -ing 또는 「cannot but + 동사원형」의 구문으로 표현합니다.

그의 제안을 거절하지 않을 수 없었다. I couldn't help rejecting his offer.
그에게 화를 내지 않을 수 없었다. I couldn't help being angry with him.
그를 용서하지 않을 수 없었다. I couldn't help forgiving him.
그의 정직함을 칭찬하지 않을 수 없었다. I couldn't help praising his honesty.
그의 조언을 따르지 않을 수 없었다. I couldn't help following his advice.
나는 흥분하지 않을 수 없었다. I couldn't but be excited.
그와 사랑에 빠지지 않을 수 없었다. I couldn't but fall in love with him.

167 cannot ~ too ...의 구문은 '아무리 …하게 ~해도 지나치지 않다'라는 표현을 나타낼 때 사용합니다.

친구를 선택할 때는 아무리 신중해도 지나치지 않는다.
We cannot be too careful when we choose our friends.

공부는 아무리 열심히 해도 지나치는 법은 없다. We cannot study too hard.

168 '~해 봤자 소용없다'는 there/it is no use -ing로 표현할 수 있으며, there is no -ing는 '~할 수 없다'라는 의미입니다.

나중에 후회해 봤자 소용없는 일이다. There is no use repenting later.
(속담) 이미 엎질러진 물이다. There/It is no use crying over spilt milk.
그가 거기 가는 것을 막을 수가 없었다. There was no preventing him from going there.

1 나는 건강검진을 받지 않을 수 없었다. (medical check-up 건강검진!)

I couldn't help _____.

2 나는 그의 이야기를 믿지 않을 수 없었다. (believe 믿다)

I couldn't _____.

3 나는 그의 농담에 웃지 않을 수 없었다. (laugh at ~에 웃다)

_____ his joke.

4 우리는 아무리 정직해도 지나치는 법은 없다.

We _____ be _____ honest.

5 후회해 봤자 소용없었다. (repent 후회하다)

There was _____ repenting.

6 무슨 일이 일어나는지 알 수 없다.

There is no _____ what may happen.

7 나는 그의 선물을 받지 않을 수 없었다. (receive 받다)

_____ his present.

8 나는 그의 프러포즈를 받아들이지 않을 수 없었다. (accept 받아들이다)

_____.

9 나는 그에게 거짓말을 하지 않을 수 없었다. (tell a lie 거짓말하다)

_____.

10 나는 내 의견을 분명히 표현하지 않을 수 없었다. (express 표현하다)

_____.

 어쩔 수 없이 어떤 일을 해야만 했던 상황에 대해 일기를 써보세요.

Chapter 04

051 돈 빌렸던 일을 잊었다. 동명사 vs. to부정사

❶ 숙제를 미리 하지 않은 것이 후회된다. → _____

❷ 그 책 반납하는 것을 잊었다. → _____

영어일기가 쉬워지는 영작패턴

169 다음의 몇 가지 동사들은 뒤에 동명사와 to부정사가 목적어로 올 경우 의미가 달라집니다. 동명사는 과거의 일을, to부정사는 앞으로의 일을 나타냅니다.

> - remember + 동명사 : (과거에) ~한 일을 기억하다
>   remember + to부정사 : (미래에) ~할 일을 기억하다
> - forget + 동명사 : (과거에) ~한 일을 잊다
>   forget + to부정사 : (미래에) ~할 일을 잊다
> - regret + 동명사 : (과거에) ~한 것을 후회하다
>   regret + to부정사 : (미래에) ~해야 하는 것이 유감스럽다

나는 그에게 돈 빌렸던 일을 잊었다. I forgot borrowing some money from him.
나는 내일 그를 만날 것을 기억하고 있다. I remember to meet him tomorrow.

170 다음 동사들은 뒤에 동명사와 to부정사가 목적어로 올 경우 의미가 달라집니다.

> - stop + 동명사 : ~하는 것을 그만두다
>   stop + to부정사 : ~하기 위해 하던 일을 멈추다
> - try + 동명사 : 시험삼아 해보다
>   try + to부정사 : ~하려 노력하다
> - go on + 동명사 : ~을 계속하다.
>   go on + to부정사 : 쉬었다가 다시 계속해서 ~하다

나는 그에게 전화를 하려고 하던 일을 멈추었다. He stopped to call him.
그는 시험삼아 개에게 먹이를 주어보았다. He tried feeding the dog.
그는 다시 계속해서 그의 이야기를 했다. He went on to tell his story.

1 나는 작년에 그를 만난 것을 기억하고 있다.

I remember _____ last year.

2 나는 그전에 그와 싸운 것을 기억하고 있다. (fight 싸우다)

I _____ before.

3 나는 그에게 메일 보낼 일을 잊었다. (send 보내다)

I _____ an e-mail.

4 나는 은행에 갈 일을 잊었다. (bank 은행)

I _____ .

5 나는 먹지 않겠다고 말한 것이 후회된다.

I regret _____ that _____ .

6 그는 게시판에 글 올리는 것을 그만두었다. (post messages 글을 게시하다)

He _____ on the board.

7 나는 그 건물에 들어가려고 걸음을 멈추었다. (enter 들어가다)

_____ .

8 그녀는 우아한 척하려고 애썼다. (pretend to ~인 척하다)

_____ .

9 나는 그 어려운 문제를 풀어보려고 시도했다.

_____ .

10 그는 계속 잔소리를 했다. (nag 잔소리하다)

_____ .

 잊었거나 기억하고 있는 일들에 대해 일기로 써보세요.

What should I do?

Cloudy, Tuesday, 1) March

I've had some trouble recently. I tried solving the problems, but it was not easy. I was worried about them all the time. What should I do? I needed some helpful advice to solve them. I didn't know who to ask for some advice. I looked for someone to help me, so I decided to ask one of the older students. I visited him, but I hesitated how to start talking. I explained my difficult situation to him. He advised me one step at a time on what to do and how to do. Thanks to his kind advice, I was able to solve the problem. I was very grateful for his kindness. I didn't know how to express my thanks to him.

나 어떡해야 해!?

나는 요즈음 고민이 좀 있다. 나 혼자 그 문제를 해결하려고 해보았으나 쉽지가 않았다. 나는 그것에 대해 항상 걱정이 되었다. 어떡해야 하나? 나는 그 문제를 해결할 수 있는 데 도움이 되는 조언이 필요했다. 나는 누구에게 조언을 구해야 할지 몰랐다. 그래서 선배 중 한 명에게 도움을 요청하기로 결정했다. 나는 그에게로 갔으나, 무슨 말부터 시작해야 할지 주저주저했다. 나는 그에게 나의 어려운 상황을 설명했다. 그는 나에게 무엇을 해야 하는지, 어떻게 해야 하는지 하나씩 차근차근 조언해 주었다. 그의 친절한 조언 덕분에, 그 문제를 해결할 수 있었다. 그의 친절에 대해서 매우 고마웠다. 그에게 어떻게 감사의 표현을 해야 할지 모르겠다.

trouble 근심, 고민 | **try -ing** ~해 보다 | **recently** 최근에 | **all the time** 항상, 내내 | **ask for** ~을 요청/부탁하다 | **hesitate** 주저하다, 망설이다 | **explain** 설명하다 | **situation** 상황 | **one step at a time** 하나씩 차근히 | **thanks to** ~ 덕분에 | **grateful** 감사하는 | **express** 표현하다

PART II
영작을 위한 표현

052 나는 명랑한 사람들이 좋다. 성격

☑ **나의 영작실력은?**

❶ 나는 사려 깊은 사람이 되려고 노력하고 있다.

→ _____

❷ 그는 어리지만 분별력이 있다. → _____

— **영어일기**가 쉬워지는 **영작패턴** —

171 보통 긍정적으로 생각되는 좋은 성격이나 태도를 나타내는 형용사에는 다음과 같은 것들이 있습니다.

겸손한 humble | 공손한 hospitable | 관대한 generous | 긍정적인 positive | 낙천적인 optimistic | 낭만적인 romantic | 내성적인 introverted, reserved | 다정한 friendly | 단호한 determined | 대담한 bold | 마음이 따뜻한 heartwarming | 매력적인 attractive, charming | 명랑한 cheerful | 바른 righteous | 발랄한 lively | 부지런한 diligent | 분별 있는 sensible | 붙임성 있는 amiable | 귀여운 cute | 사교적인 sociable | 사랑스런 affectionate | 사려 깊은 thoughtful | 성실한 sincere | 솔직한 frank, honest | 믿을 수 있는 reliable | 순진한 innocent | 신중한 considerate | 싹싹한 genial | 야망에 찬 ambitious | 온순한 meek, mild | 외향적인 outgoing, extrovert | 용감한 brave, courageous | 예의 바른 polite | 자신감 있는 confident | 정숙한 modest | 점잖은 gentle | 책임감이 있는 responsible | 활달한 jolly

나는 명랑한 사람이 좋다. I like cheerful people.
나는 좀 내성적이다. I am a little reserved.

172 다음은 보통 부정적으로 생각되는 성격이나 태도를 표현하는 형용사입니다.

거들먹거리는 pretentious | 거만한 arrogant, haughty | 겁 많은 cowardly | 경솔한 careless | 고집 센 stubborn, persistent | 공격적인 aggressive | 교활한 cunning | 까다로운 picky | 나쁜 bad | 사악한 evil | 난폭한 violent, wild | 따지기 좋아하는 argumentative | 마음이 차가운 frigid, icy | 무관심한 indifferent | 변덕스러운 moody, capricious | 부정적인 negative | 비관적인 pessimistic | 비열한 mean | 비판적인 critical | 뻔뻔스러운 audacious | 사교성이 없는 unsociable | 화난 angry | 소극적인 passive | 소심한 timid | 겁쟁이의 cowardly | 수다스런 talkative | 수줍어하는 shy | 시끄러운 loud | 싸우기 좋아하는 quarrelsome | 예민한 sensitive

그녀는 매우 수다스럽다. She is very talkative.
나는 그가 너무 비열해서 싫다. I don't like him because he is too mean.

1 그녀는 정말 활발하다. (jolly 활발한)

She is _____.

2 그는 따지기를 좋아한다. (argumentative 따지기 좋아하는)

He _____.

3 나는 사랑스런 여자를 만났다. (affectionate 사랑스런)

I met _____ girl.

4 나는 그가 적극적이고 긍정적이어서 그를 좋아한다. (active 적극적인)

I _____, because he is _____.

5 그는 성실하며 남을 잘 돕는다. (sincere 성실한, others 다른 사람들)

He is _____ and _____ well.

6 그는 자신감이 있어서 무대 공포증이 없다. (stage fright 무대 공포증)

_____, so he has no _____.

7 그녀는 겁이 많아서 밤에 혼자 돌아다니지 않는다. (hang around 배회하다)

She doesn't _____ at night because _____.

8 그녀는 성격이 매우 예민한 것이 아니라 까다롭다. (not A but B A가 아니라 B)

She is not _____ but _____.

9 그녀는 매력적이어서 인기가 좋다. (popular 인기 있는)

_____.

10 난 매우 사교적이고 솔직해서 친구가 많다.

_____.

 자신과 주변 사람들의 성격에 대해 일기로 써보세요.

Chapter 05

053 그는 잘생겼다. 외모

☑ **나의 영작실력은?**

❶ 그는 너무 살이 쪄서 살을 빼야 한다. → _____

❷ 나는 지적으로 보이고 싶다. → _____

─── **영어일기가 쉬워지는 영작패턴** ───

173 다음은 외모를 나타내는 형용사입니다.

고운 fair | 과체중인 overweight | 귀여운 cute | 깔끔한 neat | 근육질의 muscular | 뚱뚱한 fat | 땅딸막한 stocky | 마른 thin | 멋진 nice | 못생긴 ugly | 매력적인 attractive, charming | 매혹적인 fascinating | 맵시 있는 smart | 배가 나온 potbellied | 비쩍 마른 skinny | 살찐 obese | 수수한 plain | 세련된 refined | 세련되지 않은 homely | 아름다운 beautiful | 야윈 meager | 오통통한 chubby | 우아한 graceful | 유연한 elastic | 유행하는 fashionable | 예쁜 pretty | 잘생긴 handsome | 지적인 intelligent | 키가 작은 short | 키가 큰 tall | 키가 작고 통통한 stout | 포동포동한 plump | 평범한 ordinary | 패션 감각이 있는 stylish | 화려한 gorgeous | 호리호리한 slim
---

그는 잘생겼다. He is handsome.

그녀는 정말 아름답다. She is really beautiful.

그녀는 무척이나 멋지다. She is very gorgeous.

그는 훤칠하고 잘생겼다. He is tall and handsome.

그녀의 외모는 평범하다. Her appearance is ordinary.

174 외모를 나타내는 형용사로 be동사와 함께 쓰이기도 하지만, '~하게 보이다'라고 할 경우에는 「look + 형용사」의 형태로 나타냅니다.

그는 그 옷을 입으니 멋져 보인다. He looks nice in those clothes.

그녀는 지적으로 보인다. She looks intelligent.

그녀는 살쪄 보인다. She looks fat.

그녀는 수수한 외모다. She looks plain.

그녀는 그저 그렇게 생겼다. She looks homely.

그는 못생겨 보인다. He looks ugly.

1 한 땅딸막한 사람이 나에게 다가왔다. (stocky 땅딸막한, approach 다가오다)

A _____ man _____.

2 그는 깔끔해 보이지 않았다. (look ~하게 보이다, neat 깔끔한)

He didn't _____.

3 나는 외모에 관심이 있다. (be interested in ~에 관심이 있다)

I am _____ my appearance.

4 나는 과체중인 것 같다. (seem to ~인 것 같다)

I _____ be _____.

5 나는 패션모델들처럼 비쩍 마르고 싶다. (fashion model 패션모델)

I want to _____ like _____.

6 나는 예쁘게 보이려고 화장을 했다. (put on makeup 화장을 하다-동작)

_____ to look _____.

7 화장을 하면 나는 어려 보인다. (wear makeup 화장을 하다-상태)

_____ when _____.

8 나는 유행하는 헤어스타일을 원한다. (fashionable 유행하는, hairdo 헤어스타일)

_____.

9 나는 키에 비해 과체중이다. (for one's height ~의 키에 비해)

_____.

10 그는 키가 크지도 않고 잘생기지도 않았다. (neither A nor B A도 B도 아닌)

_____.

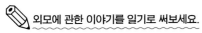
외모에 관한 이야기를 일기로 써보세요.

054 그는 마음이 따뜻한 사람이다. 복합형용사

❶ 나는 왼손잡이다. → _____

❷ 그는 마음이 따뜻한 사람이다. → _____

── 영어일기가 쉬워지는 영작패턴 ──

175 다음은 두 단어가 모여 하나의 형용사 역할을 하는 어구들로 보통 be동사와 함께 쓰이거나 명사 앞에서 명사를 수식하는 형태로 쓰입니다.

성격 absent-minded 건망증이 있는 | narrow-minded 속좁은 | broad-minded 마음이 넓은 | right-minded 마음이 곧은 | open-minded 편견이 없는, 허심탄회한 | strong-minded 의지가 강한 | warm-hearted 마음이 따뜻한 | tender-hearted 다정다감한 | hard-hearted 무정한 | cold-hearted 냉정한 | short-tempered 성질이 급한 | good-tempered 성격이 좋은 | bad-tempered 심술궂은 | ill-tempered 까다로운 | ill-natured 마음씨가 나쁜 | high-spirited 기운찬 | low-spirited 풀이 죽은 | strong-willed 의지가 강한 | weak-willed 의지가 약한 | well-mannered 예의가 바른 | ill-mannered 무례한 | good-natured 성품이 착한 | self-assured 자신감이 넘치는 | self-centered 자기중심적인 | quick-witted 재치가 있는 | easy-going 느긋한

외모 blue-eyed 눈이 파란 | bright-eyed 눈이 총명한 | curly-haired 머리가 굽실거리는 | fair-skinned 피부가 좋은 | round-faced 얼굴이 둥근 | sun-tanned 선탠을 한 | left-handed 왼손잡이인 | slender-hipped 엉덩이가 야윈 | long-legged 다리가 긴 | flat-footed 평발인 | well-built 체격이 좋은 | upturned 위로 들린 | flat-nosed 코가 납작한 | broad-shouldered 어깨가 넓은 | narrow-shouldered 어깨가 좁은

차림 well-dressed 잘 차려입은 | low-necked 목이 깊이 파인 | high-necked 목 위까지 올라온 | tight-fitting 몸에 꽉 끼는 | open-toed 발가락이 보이는 | high-heeled 굽이 높은 | flat-heeled 굽이 낮은 | good-looking 잘 어울리는, 잘생긴 | untidy-looking 단정해 보이지 않는 | new-fashioned 신식인 | old-fashioned 구식인, 촌스러운

그는 마음이 따뜻한 사람이다. He is a warm-hearted man.
그는 사람이 좀 구식이다. He is old-fashioned.
나는 피부가 희고 깨끗하다. I am fair-skinned.
나는 코가 납작하다. I am flat-nosed.
그는 항상 기운이 넘친다. He is always high-spirited.

1 그는 냉정한 사람이다. (cold-hearted 냉정한)

He is _____.

2 그는 편견이 없다.

He is _____.

3 나는 코가 들창코이다.

I have _____.

4 우리 형은 평발이다.

My brother _____.

5 나는 굽 높은 신발을 좋아하지 않는다.

_____.

6 그는 재치가 있어서 인기가 있다.

_____ because _____.

7 그는 자기중심적이어서 나는 그를 싫어한다.

_____ because _____.

8 나는 목이 깊이 파인 옷을 입지 않는다.

_____.

9 그는 매우 자신감이 넘친다.

_____.

10 나는 성품이 착한 사람들을 좋아한다.

_____.

 복합형용사를 이용하여 자신의 외모와 성격을 써보세요.

055 많은 사람들이 그렇게 생각한다. 수량형용사 1

☑ **나의 영작실력은?**

❶ 많은 사람들이 파티에 왔다. → _____

❷ 그것은 한 사람에 하기에는 너무 많은 일이었다.

→ _____

영어일기가 쉬워지는 영작패턴

176 많고 적음을 나타내는 말은 수와 양 중에서 어떤 것을 나타내는 것인지에 따라 표현방법이 다릅니다. 다음 표는 수와 양에 따라 '많은'의 의미를 나타내는 표현들입니다.

의미	수 (+ 복수명사)	양 (+ 셀 수 없는 명사)
많은	many a great/large number of	much a good/great deal of

많은 사람들이 그렇게 생각한다. **Many** people think so.
냉장고에 많은 사과가 있다. There are **many** apples in the refrigerator.
나는 많은 물을 마시지 않는다. I don't drink **much** water.
공원에 쓰레기가 너무 많았다. There was so **much** trash in the park.
그 케이크에 많은 버터가 사용되었다. **A good deal of** butter was used for the cake.

177 다음은 수와 양에 모두 쓰일 수 있는 표현들입니다.

의미	수 (+ 복수명사)	양 (+ 셀 수 없는 명사)
많은	a lot of lots of plenty of	

많은 우유를 마셨다. I drank **a lot of** milk.
나는 친구가 많다. I have **lots of** friends.

174

1 나는 많은 실수를 했다. (mistake 실수)

I made _____.

2 나는 많은 액세서리를 가지고 있다. (accessory 액세서리)

I _____.

3 나는 좋은 추억이 많다. (memory 추억)

I have _____ good _____.

4 나는 해야 할 일이 너무 많다.

I have _____ to do.

5 그 영화는 난폭한 장면들이 많았다. (violent 난폭한, scene 장면)

The movie had _____.

6 그는 아픈 사람들을 위해 착한 일을 많이 한다. (do good things 착한 일을 하다)

He does _____ for the sick.

7 건강하려고 많은 물을 많이 마신다.

I _____ to be healthy.

8 많은 학생들이 시험에 대해 걱정한다. (be worried about ~에 대해 걱정하다)

_____.

9 그 시험이 나에게 많은 스트레스를 주었다.

_____.

10 그 책은 나에게 많은 정보를 주었다. (information 정보)

_____.

 주변에 많이 있는 것이 무엇인지에 대해서 글을 써보세요.

Chapter 05

056 사과가 몇 개 있다. 수량형용사 2

☑ 나의 영작실력은?

❶ 방에 아이들이 몇 명 있었다. → _____

❷ 나는 주머니에 돈이 조금 있었다. → _____

─── 영어일기가 쉬워지는 영작패턴 ───

178 '몇 개의, 약간의'처럼 수의 적음을 나타낼 때는 a few를 사용하며, 양의 적음을 나타낼 때는 a little로 표현합니다. some도 '약간의'라는 의미를 가지고 있으며, 이는 수와 양에 상관없이 쓸 수 있습니다.

구분	수 (+ 복수명사)	양 (+ 셀 수 없는 명사)
약간의	a few	a little
	some	
거의 없는	few	little

바구니에 사과가 **몇 개** 있다. There are a few apples in the basket.
냉장고에 와인이 조금 있었다. There was a little wine in the refrigerator.
나는 **약간의** 기름이 필요했다. I needed some oil.

179 a few, a little에서 부정관사가 빠진 few, little은 '거의 없는, 별로 없는'과 같이 부정의 의미를 나타냅니다.

그는 친구가 **거의 없다**. He has few friends.
우리집에는 그림이 **별로 없다**. We have few paintings in my house.
우리는 희망이 **거의 없었다**. We had little hope.

180 a little은 형용사나 부사 앞에서, 또는 동사를 꾸며 '약간, 조금'의 뜻으로도 쓰입니다.

약간 더 시원해졌다. It became a little cooler.
나는 **조금** 움직였다. I moved a little.

1 그는 며칠 후에 떠날 것이다.

He is leaving _____.

2 내가 수수께끼 몇 개를 맞췄다. (guess 추측하다, riddle 수수께끼)

I guessed _____.

3 몇 가지 이유가 있었다. (reason 이유)

I had _____.

4 나는 배를 몇 개 샀다. (pear 배)

_____.

5 그들은 약간의 희망을 가지고 있었다. (hope 희망)

_____.

6 나는 약간 열이 있었다. (fever 열)

_____.

7 올해는 비가 거의 오지 않았다. (this year 올 해)

There _____.

8 나는 요즘에는 시간이 거의 없다. (these days 요즈음)

_____.

9 그것은 약간 특이했다. (extraordinary 특이한)

_____.

10 좀 더 오래 자고 싶었다. (longer 더 오래)

_____.

 자신이 가지고 있는 것 중 조금밖에 없는 것들에 대하여 이야기해 보세요.

057 그에게 줄 만큼 충분한 돈이 없었다. 수량형용사 3

☑ **나의 영작실력은?**

❶ 그는 꽤 많은 책을 가지고 있다. → _____

❷ 나는 그 영화를 볼 만큼 충분한 나이가 되었다.

→ _____

── **영어일기가 쉬워지는 영작패턴** ──

181 '꽤 많은, 상당히 많은'의 의미는 다음과 같이 표현합니다.

구분	수 (+ 복수명사)	양 (+ 셀 수 없는 명사)
꽤 많은	quite a few not a few	quite a bit of
	considerable	

그녀는 꽤 많은 액세서리를 가지고 있다. She has quite a few accessories.

상당수의 학생들이 모임에 참석하지 않았다.
Not a few students didn't attend the meeting.

나는 꽤 많은 돈을 저축했다. I saved quite a bit of money.

상당량의 설탕이 사용되었다. Considerable sugar has been used.

182 '충분한, 충분히'의 표현은 enough로 나타낼 수 있는데, 이는 명사와 함께 쓰일 때는 「enough + 명사」 구문으로 enough가 명사 앞에 와야 하며, 형용사나 부사와 함께 쓰일 때는 그 뒤에 enough를 써서 「형용사/부사 + enough」 구문으로 '충분히 ~한/~하게'를 표현합니다. '~할 만큼 충분한/충분히'라고 표현해야 할 경우엔 뒤에 to부정사를 써서 '~할 만큼'의 의미를 나타냅니다.

나는 그에게 줄 만큼 충분한 돈이 없었다. I didn't have enough money to give him.

나는 충분한 휴식을 취하지 못했다. I didn't get enough rest.

나는 충분히 빨리 달렸다. I ran fast enough.

나는 그를 도와줄 만큼 충분히 친절하지 않았다. I was not kind enough to help him.

1 나는 꽤 많은 시간이 필요했다.

I needed _____.

2 놀이공원에는 꽤 많은 사람들이 있었다. (amusement park 놀이공원)

There were _____ in the amusement park.

3 나는 그 차를 살 만큼 꽤 많은 돈이 있었다.

I had _____ to buy the car.

4 나는 그에게 꽤 많은 이메일을 보냈다. (send 보내다)

I sent him _____.

5 전자사전을 살 만큼 돈이 충분하지 않았다. (electronic dictionary 전자사전)

I didn't have _____ to _____.

6 그 노래는 나를 춤 추게 할 만큼 충분히 흥겨웠다. (merry 흥겨운)

The song was _____.

7 춤은 기분전환이 될 정도로 충분히 재미있었다. (refresh 기분전환 시키다)

_____.

8 그는 그 일을 할 수 있을 정도로 충분히 영리하다.

_____.

9 나는 낮잠을 충분히 잘 시간이 없었다. (take a nap 낮잠 자다)

_____.

10 나는 무엇이 잘못된 것인지 알 만큼 충분한 나이가 되었다.

_____.

 무엇을 충분히 또는 꽤 많이 가져본 적이 있나요? 그 이야기를 일기로 써보세요.

Chapter 05

058 어떤 사람이 날 쳐다보았다. 뜻이 달라지는 형용사

☑ **나의 영작실력은?**

❶ 작고한 그 의사 분은 참 친절했었다. → _____

❷ 머지않아 나는 영어를 잘하게 될 것이다.

　→ _____

영어일기가 쉬워지는 **영작패턴**

183 형용사 중에는 명사의 앞뒤에서 명사를 꾸며줄 때와 동사를 보충해 주는 보어로 쓰일 때 뜻이 달라지는 것들이 있습니다.

형용사	명사를 꾸며줄 때의 의미	보어로 쓰일 때의 의미
certain	어떤	확실한, 확신하는
present	현재의	출석한, 참석한
late	작고한	늦은
concerned	관계된, 관련된	걱정하는, 관심이 있는

어떤 사람이 날 쳐다보았다. A certain person looked at me.

나는 그것이 성공할지 확신하지 못한다.
I am not certain whether it will succeed.

나는 모임에 늦었다. I was late for the meeting.

그는 모임에 참석하지 않았다. He was not present at the meeting.

184 형용사가 전치사와 함께 하나의 의미를 이루어 쓰이는 경우가 있습니다.

---
for certain 확실히 | for good 이를 마지막으로 영원히 | for real 정말로 | in vain 헛되이 | in short 요약하면 | in general 일반적으로, 대체로 | in common 공통적으로 | in particular 특히 | before long 머지않아

우리는 공통적인 취미가 많다. We have a lot of hobbies in common.

그와 화해하려고 했으나 허사였다.
I tried to make it up with him, but it was in vain.

나는 특별히 아무 일도 않고 시간만 보냈다. I killed time doing nothing in particular.

1 나는 동창회에 늦지 않으려고 서둘렀다. (hurry up 서두르다, alumni meeting 동창회)

I hurried up not to _____.

2 현재의 상황이 매우 어렵다. (situation 상황, tough 어려운, 각박한)

The _____ is _____.

3 나는 그 결과에 대해서 걱정이다. (concerned 걱정하는)

I _____ the result.

4 나의 그의 현재 주소를 모른다. (address 주소)

I don't know his _____.

5 모든 회원이 다 참석했다. (member 회원)

All the members _____.

6 대체로, 우리 가족은 숫기가 없다. (bashful 숫기가 없는, 수줍어하는)

_____, my family _____.

7 동생과 나는 공통점이 많다. (a lot 많이)

My younger brother and I _____.

8 나는 특별히 취미가 없다.

I _____.

9 내가 그를 구해 보려고 했으나 허사였다. (save 구하다)

_____.

10 나는 이를 마지막으로 영원히 정크푸드를 그만 먹을 것이다. (junk food 정크푸드)

_____.

 형용사의 쓰임에 유의하면서 일기를 써보세요.

059 잠이 들었다. 한 가지 역할만 하는 형용사

❶ 그 미술관은 가볼 가치가 있는 곳이다. → _____

❷ 나는 나무로 된 의자를 하나 갖고 싶다. → _____

── 영어일기가 쉬워지는 영작패턴 ──

185 a로 시작하는 형용사나 감정과 반응을 나타내는 몇몇 형용사들은 명사를 꾸며주는 역할을 하지 못하고, 동사나 목적어를 보충해 주는 보어로만 쓰입니다.

> **a로 시작하는 형용사** afraid 두려워하는 | alike 같은 | alive 살아 있는 | asleep 잠들어 있는 | awake 깨어 있는 | aware 알고 있는 | ashamed 부끄러운
>
> **감정·반응을 나타내는 형용사** content 만족하는 | glad 기쁜, 반가운 | pleased 기쁜, 만족한 | unable ~할 수 없는 | worth ~의 가치가 있는

살아 있는 동물들이 있다.
There are *alive* animals. (X) → There are living animals. (O)
그것들은 살아 있었다. They were alive.
그것들은 나에게 모두 같았다. They were all alike to me.
그것들은 곧 잠이 들었다. They fell asleep.
내가 그렇게 말하다니 부끄럽다. I am ashamed to say so.

186 mere(단지의), only(유일한), outer(밖의), very(바로 그), wooden(나무로 된), golden(금으로 된), elder(손위의), utter(완전한), former(이전의, 전자의), latter(후자의) 등의 형용사들은 보어로 오지 못하고 명사 앞에서만 쓰입니다.

나는 우리 형을 좋아한다. I like my elder brother.
금반지를 하나 가지고 싶다. I want a golden ring.
유일한 기회를 놓쳤다. I missed the only chance.
그는 아예 모르는 사람이다. He is an utter stranger.

1 나는 밤새도록 깨어 있었다. (all night 밤새)

I was _____.

2 무언가가 잘못되어 있음을 알고 있었다. (aware 알고 있는, wrong 잘못된)

I _____ that _____.

3 나는 소음 때문에 잠이 들 수가 없었다. (noise 소음)

I couldn't _____ because of _____.

4 나는 예기치 않은 결과에 만족하지 못했다. (unexpected 예기치 않은)

I was _____ with _____.

5 나는 언니가 두 명 있다.

I have _____.

6 나는 나무로 된 책상이 하나 있다.

_____.

7 나는 어제 전직 대통령을 보았다. (president 대통령)

_____.

8 우리는 외계에 대해 공부했다. (outer space 외계)

_____.

9 그 책은 읽을 만한 가치가 있다고 생각한다.

_____.

10 그것이 나의 유일한 희망이었다.

_____.

 공부한 형용사를 이용하여 이야기를 꾸며보세요.

Chapter 05

060 날씨가 너무 좋아서 산책하고 싶었다. 너무 ~해서 …하다

☑ **나의 영작실력은?**

❶ 나는 너무 피곤해서 잠시 쉬었다. → _____

❷ 나는 너무 화가 나서 더 이상 참을 수가 없었다.

→ _____

─ **영어일기가 쉬워지는 영작패턴** ─────────────────────

187 '너무 ~해서 …하다'는 so나 such를 사용하여 다음의 구문으로 나타낼 수 있습니다.

> ■ so + 형용사/부사 + that + 주어 + 동사 ~
> ■ so + 형용사 + a/an + 명사 + that + 주어 + 동사 ~
> ■ such + a/an +(형용사) + 명사 + that + 주어 + 동사 ~

날씨가 너무 좋아서 산책하고 싶었다.
The weather was so fine that I wanted to take a walk.

나는 너무 당황해서 방에서 나올 수가 없었다.
I was so embarrassed that I couldn't go out of the room.

그는 너무 멋진 남자여서 나는 그를 좋아한다.
He is so nice that I like him.

너무 붐비는 버스여서 앉을 자리가 없었다.
It was such a crowded bus that there wasn't any seat to sit on.

그는 너무 점잖은 사람이어서 나는 그를 좋아한다.
He is such a gentle guy that I like him.

188 '(…에게는) 너무 ~해서 – 할 수 없다'는 「too ~ (for …) to + 동사원형」의 구문으로 표현하며, 이는 so ~ that … can't로 바꿔 쓸 수도 있습니다.

나는 너무 바빠서 그에게 전화를 못했다.
I was too busy to call him. =I was so busy that I couldn't call him.

나에게는 이 책이 너무 어려워 읽을 수가 없었다.
This book was too difficult for me to read. = This book was so difficult that I couldn't read it.

나에게는 그것이 너무 성가셔서 잠을 잘 수가 없었다.
It was too annoying for me to sleep. = It was so annoying that I couldn't sleep.

1 너무 추워서 히터를 켰다. (turn on 켜다, heater 히터)

It _____ that I _____.

2 내가 너무 일찍 도착해서 한 시간을 기다려야 했다. (early 일찍)

I _____ that _____ for an hour.

3 너무 서두르는 바람에 지갑을 가져오는 것을 잊었다. (bring 가져오다, wallet 지갑)

I was in _____ that _____.

4 나는 그 책이 너무 재미있어서 두 번 읽었다. (twice 두 번)

The book _____.

5 나는 너무 창피해서 말을 할 수가 없었다. (speak 말하다)

I _____.

6 나는 너무 바빠서 샤워도 못했다.

I was _____.

7 나는 너무 피곤해서 집안일을 할 수 없었다. (do the housework 집안일을 하다)

_____.

8 나는 너무 걱정이 되어 잠도 잘 잘 수 없었다. (worried 걱정이 되어)

_____.

9 너무 어두워서 공이 보이지 않았다. (dark 어두운)

_____.

10 나는 너무 바빠서 이메일을 확인할 수 없었다. (check 확인하다)

_____.

 일이나 정도가 너무 심했던 경우를 일기로 써보세요.

061 코를 심하게 곤다. 부사

☑ 나의 영작실력은?

❶ 우리 가족은 함께 행복하게 산다. → _____

❷ 그들은 멀리 떨어져서 산다. → _____

영어일기가 쉬워지는 영작패턴

189 '~하게/으로/히' 등의 의미를 갖는 부사는 동사나 형용사, 다른 부사 또는 문장 전체를 꾸며주는 말로, 형용사 뒤에 -ly를 붙여 만들기도 하고, 단어 자체가 부사인 경우도 있습니다. 다음은 형용사에 -ly 또는 비슷한 변형을 이용하여 부사가 된 경우입니다.

---
kind → kindly 친절하게 | honest → honestly 정직하게 | beautiful → beautifully 아름답게 | fluent → fluently 유창하게 | brave → bravely 용감하게 | happy → happily 행복하게 | heavy → heavily 무겁게, 심하게 | lucky → luckily 운 좋게 | idle → idly 게으르게 | noble → nobly 고결하게 | possible → possibly 아마도 | dull → dully 멍청하게 | full → fully 완전히 | true → truly 진실하게 | energetic → energetically 활동적으로 | tragic → tragically 비극적으로

우리 아버지는 코를 심하게 고신다. My dad snores **heavily**.

우리는 신중하게 계획을 세웠다. We planned **prudently**.

나는 캐주얼하게 옷 입는 것을 좋아한다. I like to dress **casually**.

190 다음은 시간, 장소, 정도, 모양이나 태도를 나타내는 부사들입니다.

시간 now 지금 | before 이전에 | ago 전에 | already 이미 | just 방금 | later 나중에 | still 아직도 | soon 곧 | late 늦게 | early 일찍

장소 here 여기에 | there 저기에 | upstairs 위층으로 | far 멀리 | away 떨어져서 | down 아래로 | up 위로

정도 very 매우 | much 많이 | completely 완전히 | enough 충분히

모양·태도 well 잘 | slowly 천천히 | safely 안전하게

지금 나는 외출할 준비가 되었다. **Now** I am ready to go out.

나는 나중에 갈 것이다. I will go **later**.

나는 그가 곧 회복되기를 바란다. I hope he will get well **soon**.

1 그는 매우 천천히 말했다.

He spoke _____.

2 나는 그의 질문에 예의바르게 대답했다. (answer 대답하다)

I _____.

3 그는 나를 따뜻하게 맞아주었다. (welcome 맞이하다)

He _____.

4 나는 그 지루한 역사책을 빨리 읽었다. (boring 지루한, quickly 빨리)

I _____.

5 그가 그 위험으로부터 나를 용감하게 구해 주었다. (save 구하다)

He _____.

6 나는 유창하게 영어를 말하고 싶다. (fluently 유창하게)

_____.

7 나는 나의 어린 시절을 생생하게 기억한다. (childhood 어린 시절, vividly 생생하게)

_____.

8 돈을 무분별하게 쓰지 말아야 한다. (thoughtlessly 무분별하게)

_____.

9 공원 안 여기저기에서 다양한 행사가 있었다. (various 다양한, event 행사)

_____.

10 나는 모기 때문에 잠을 잘 잘 수가 없었다. (mosquito 모기)

_____.

 다양한 부사를 이용하여 일기를 써보세요.

Chapter 05

062 언제나 늦게 온다. 빈도부사

☑ 나의 영작실력은?

❶ 나는 보통 TV를 많이 보는 편이다. → _____

❷ 나는 항상 근면한 일꾼이 되려고 노력한다.

→ _____

영어일기가 쉬워지는 영작패턴

191 횟수나 빈도를 나타내는 부사를 빈도부사라고 합니다. 이 부사를 빈도의 정도에 따라 나열하면 다음과 같습니다. 이는 보통 일반동사 앞, be동사나 조동사 뒤에 위치하는데, sometimes는 문장 앞에 위치하기도 합니다.

- always : 언제나, 항상
- usually : 보통, 일반적으로
- often : 흔히, 자주, 종종
- sometimes : 때때로, 이따금, 간혹
- seldom : 좀처럼 ~ 않다
- rarely, hardly ever : 드물게, 거의 ~ 않다
- never : 한 번도 ~ 않다, 절대 ~ 않다

그는 언제나 늦게 온다. He **always** comes late.

나는 언제나 저녁에는 TV를 본다. I **always** watch TV in the evening.

나는 항상 그를 도울 수 있다. I can **always** help him.

나는 저녁에 보통 집에 있다. I am **usually** at home in the evening.

나는 종종 그를 방문한다. I **often** visit him.

인터넷 접속이 자주 끊긴다. I **often** get disconnected from the Internet.

때때로 나는 클래식 음악을 즐긴다. **Sometimes** I enjoy classical music.

나는 가끔 과식을 한다. I **sometimes** eat too much.

그는 좀처럼 늦지 않는다. He is **seldom** late.

나는 아직 한 번도 외국에 나가본 일이 없다. I have **never** been abroad.

나는 내가 한 일에 대해서는 절대 걱정 안 한다. I am **never** anxious about what I did.

나는 라디오는 절대 듣지 않는다. I **never** listen to the radio.

그는 절대 화를 내지 않는다. He **never** gets angry.

1 우리 부모님은 나에게 항상 조심하라고 말씀하신다. (tell 말하다)

My parents _____ to be careful.

2 나는 항상 컴퓨터 앞에 앉아 있다. (in front of ~ 앞에)

I _____ in front of _____.

3 그는 항상 내 실수를 지적한다. (point out 지적하다)

He _____ my mistakes.

4 나는 '감사합니다.'라는 말을 자주 한다.

I _____ "Thank you."

5 때때로 나는 옛 친구들이 그리울 때가 있다. (miss 그리워하다)

_____ my old friends.

6 나는 가끔 부모님과 언쟁을 벌인다. (have arguments 언쟁을 벌이다)

_____.

7 나는 가끔 동생 때문에 스트레스를 받는다. (get stressed 스트레스를 받다)

_____.

8 나는 자주 친구들을 웃긴다. (make ~ laugh ~를 웃게 하다)

_____.

9 나는 친구들과 노래방에 자주 간다. (singing room 노래방)

_____.

10 그는 절대 춤을 추지 않는다.

_____.

 항상 하는 일, 가끔 혹은 자주 하는 일, 한 번도 하지 않은 일에 대해 일기를 써보세요

Chapter 05

063 거의 모른다. 준부정어, 부분 부정

☑ **나의 영작실력은?**

❶ 나는 거의 감정을 조절할 수가 없었다. → _____

❷ 부자라고 항상 행복한 것은 아니다. → _____

── **영어일기**가 쉬워지는 **영작패턴** ──

192 rarely, seldom, hardly ever, scarcely 등은 '드물게/좀처럼/거의 ~ 않다'의 의미를 가진 준부정어로, 이 부사가 있는 문장은 not이 쓰이지 않습니다.

> 나는 그것에 대해 거의 알지 못한다. I hardly ever know about it.
> 나는 자정 이전에는 거의 잠자리에 들지 않는다.
> I hardly ever go to bed before midnight.
> 나는 거의 땀을 흘리지 않는다. I hardly ever sweat.
> 나는 좀처럼 흥분을 가라앉힐 수가 없었다. I could seldom contain my excitement.
> 나는 담배 연기 때문에 거의 숨을 쉴 수가 없었다.
> I could hardly ever breathe because of the smoke.

193 '모두, 전부, 항상, 둘 다, 반드시' 등을 나타내는 all, every, always, both, necessarily 등은 not, no, never 등의 부정어와 함께 쓰이면 부분적으로 부정하는 말이 됩니다. 그래서 '모두/전부/둘 다/반드시 ~한 것은 아니다'라는 의미가 됩니다.

> 번쩍인다고 해서 다 금은 아니다. All that glitters is not gold.
> 모두가 그를 좋아하는 것은 아니다. Everyone doesn't like him.
> 행복은 반드시 돈에서 오는 것은 아니다.
> Happiness doesn't necessarily come from money.
> 나는 항상 우울한 것은 아니다. I am not always gloomy.
> 복잡한 일들을 모두 잊지는 못했다. I didn't forget all my troubles.
> 우리들 둘 다 그를 좋아하는 것은 아니었다. Both of us didn't like him.
> 우리가 다 그 결과에 만족한 것은 아니었다. All of us weren't satisfied with the result.

1 나는 거의 화를 내지 않는다. (get angry 화를 내다)

I _____.

2 나는 운동을 거의 하지 않는다. (exercise 운동하다)

I _____.

3 우리는 좀처럼 함께 저녁식사하는 일이 별로 없다. (together 함께)

We _____.

4 나는 그가 진실을 이야기하는 것을 거의 못 듣는다. (truth 진실)

I scarcely _____.

5 그건 모두 내 잘못만은 아니었다. (fault 잘못)

It _____.

6 나의 모든 친구들이 다 파티에 온 것은 아니었다. (party 파티)

_____.

7 그가 그것에 관한 모든 것을 알지는 못한다.

_____.

8 나는 그 모든 문제를 다 해결할 수는 없었다.

_____.

9 그는 좀처럼 마음을 바꾸지 않는다. (change 바꾸다)

_____.

10 그는 항상 비관적이지만은 않다. (pessimistic 비관적인)

_____.

 일상 중에 거의 하지 않거나, 항상 하지는 않지만 때때로 하는 일들에 대하여 일기로 써보세요.

Chapter 05

064 요즘 살이 찐다. 혼동하기 쉬운 부사

☑ **나의 영작실력은?**

❶ 나는 최근에 그를 본 적이 없다. → _____

❷ 그 옷은 심하게 얼룩이 져 있었다. → _____

─── **영어일기가 쉬워지는 영작패턴** ───────────────

194 다음의 부사들은 형용사에 -ly를 붙여서 부사로 만들 때, 그 의미가 달라지는 것들입니다. 의미가 전혀 다르게 바뀌는 것들이 있으니 혼동하지 않도록 주의해야 합니다.

- -
high 높은, 높이 → highly 매우 ı deep 깊은 → deeply 매우, 짙게, 철저히 ı hard 열심히 → hardly 거의 ~ 않다 ı near 가까운, 가까이 → nearly 거의 ı bad 나쁜 → badly 나쁘게, 심하게, 몹시 ı late 늦은, 늦게 → lately 최근에 ı close 가까운, 가까이 → closely 자세히, 긴밀히 ı short 간단한, 간단히 → shortly 곧 ı most 가장 → mostly 대개는
- -

요즘 살이 찌고 있다. I've been putting on weight lately.

그 다이아몬드는 매우 가치 있는 것이다. The diamond is highly valuable.

그의 이야기를 거의 믿을 수 없었다. I could hardly believe his story.

나는 기뻐서 거의 눈물이 나올 뻔했다. I nearly wept for joy.

나는 최근에 매우 바빴다. I've been so busy recently.

내 차는 사고로 심하게 부서졌다. My car was badly damaged in the accident.

우리는 곧 그의 소식을 듣게 될 것이다. We will hear from him shortly.

195 ago, before, since의 차이점에 대해 혼동하기 쉽습니다. ago는 과거시제와 함께 쓰여 '현재를 기준으로 하여 ~ 전에'라는 의미이고, before는 현재완료, 과거, 과거완료와 함께 쓰여 '지금보다 ~ 전에, 그때보다 ~ 전에'의 의미이며, since는 완료시제와 함께 쓰여 '과거를 기준으로 그 이후에, 그 이래로'의 의미입니다.

2년 전에 그는 일본으로 떠났다. He left for Japan two years ago.

나는 그를 전에 어디에선가 본 적이 있다. I have seen him somewhere before.

그 이후로 그의 소식을 못 들었다. I haven't heard from him since.

192

1 내 장래에 대해서 깊이 생각해 보았다. (think about ~에 대하여 생각하다)

I thought _____ about _____.

2 그 음악은 나를 깊이 감동시켰다. (move 감동시키다)

The music _____.

3 요즈음은 날씨가 매우 덥다.

It has been _____.

4 우리는 그것을 자세히 찾아보았다. (look for ~를 찾다)

We _____.

5 그는 사고로 심하게 부상을 입었다. (be injured 부상을 입다)

He was _____ in the accident.

6 음악회가 곧 끝날 것이다.

The concert _____.

7 그 일 하는 데 거의 한 시간이 걸렸다. (take 시간이 걸리다)

It _____.

8 그 이후로 나는 그 일을 한 번도 하지 않았다. (never 한 번도 ~ 않다)

I have _____.

9 나는 3년 전에는 그 버릇이 없었다.

_____.

10 나는 곧 나의 나쁜 버릇을 고칠 것이다. (correct 고치다)

_____.

 전에 어떤 일이 있었는지 상기하며 일기를 써보세요.

065 그저께 그가 떠났다. 시간표현

☑ 나의 영작실력은?

❶ 우리는 격주로 만난다. → _____

❷ 나는 학교 가는 길에 선생님을 만났다.

→ _____

영어일기가 쉬워지는 영작패턴

196 다음은 영어로 일기 쓸 때 자주 쓰이는 시간 관련 부사(구)들입니다.

지금 now ㅣ 오늘 today ㅣ 어제 yesterday ㅣ 그저께 the day before yesterday ㅣ 내일 tomorrow ㅣ 모레 the day after tomorrow ㅣ 지난주 last week ㅣ 다음주 next week ㅣ 지난주 오늘 a week ago today ㅣ 다음주 오늘 a week from today ㅣ 일주일 전에 a week ago ㅣ 일주일 후에 a week later ㅣ 작년 last year ㅣ 재작년 the year before last ㅣ 내년 next year ㅣ 내후년 the year after next ㅣ 작년 이맘때에 at this time last year ㅣ 내년 이맘때에 at this time next year ㅣ 오는 일요일에 on this coming Sunday ㅣ 매일 every day, each day ㅣ 매달 every month, each month ㅣ 격주로 every two weeks, every other week ㅣ 격일로 every two days, every other day

---

그저께 그가 미국으로 떠났다. He left for America **the day before yesterday**.

모레 축구경기가 있다. We have a soccer game **the day after tomorrow**.

197 다음은 시간과 관련된 표현들입니다.

처음으로 for the first time ㅣ 처음에는 at first ㅣ 즉시, 곧 at once, at the same time, in no time ㅣ 지금 바로 right away, right now ㅣ 머지않아 after a while, before long ㅣ 갑자기 all at once, all of a sudden, without notice ㅣ 드디어, 마침내 at last, in the end, in the long run, after all ㅣ 잠시 동안 for a minute, for a while, for a short time, for a little while ㅣ 오랫동안 for ages, for years, for a long time ㅣ 최근에 these days, of late, lately, recently ㅣ 그 당시에는 in those days ㅣ 옛날 옛적에 once upon a time ㅣ 지금까지 so far, up to now, until now ㅣ 앞으로는 from now on ㅣ 미래에 in the future ㅣ 나중에 later on, some time later ㅣ 가끔 now and then, from time to time, once in a while, on and off ㅣ ~하는 중에 in the course of, in the middle of ㅣ ~로 가는 중에 on one's way to ㅣ 영원히 forever, for good

---

나는 그 광경을 처음으로 보았다. I saw the scene **for the first time**.

그녀는 시험에 합격하려고 여러번 시도했었는데 **드디어** 성공했다.

She tried many times to pass the exam, and **in the end** she succeeded.

1 지난주에 내 컴퓨터가 고장났다. (break down 고장나다)

My computer _____.

2 처음에는 그가 나를 격려해 주었다. (encourage 격려하다)

_____, he _____.

3 지금 당장 나는 TV 보는 것을 그만둘 것이다.

I will stop _____.

4 나는 오랫동안 그를 기억할 것이다.

I will _____.

5 나는 앞으로는 절대 과식하지 않을 것이다.

I will never _____.

6 가끔 나는 두통으로 고생한다. (suffer from ~로 고생이다)

_____, I _____.

7 저녁식사 중에 그의 휴대폰이 울렸다. (ring 울리다)

_____.

8 마침내 그는 운전면허증을 땄다. (driver's license 운전면허증)

_____, he _____.

9 지금까지 나는 뮤지컬을 한 번도 본 적이 없다. (musical 뮤지컬)

_____.

10 잠시 동안 아무것도 하기 싫었다.

_____.

 시간 관련 표현이 포함된 문장으로 일기를 써보세요.

모범일기 07

My family

Perfect, Friday, 14 April

My family members are my dad, mom, elder brother and myself. Each member of my family has their unusual habits. My dad likes smoking and drinking very much. He promises to stop smoking and drinking whenever my mom nags at him, but he never stops. My mom has various habits, and one of them is changing her hair style often. She has even several styles of wigs. My elder brother is crazy about body building. He does weight training to make his muscles bigger. He lifts weights in the fitness club every day. I am not interested in studying, but in playing various musical instruments. I want to learn how to play as many musical instruments as possible. I've learned how to play the piano, the harmonica, the ocarina, the flute and the clarinet until now. My family seem to continue getting along well without any complaints because we do what we want to do.

우리 가족

우리 가족은 엄마, 아빠, 형, 그리고 나 이렇게 넷이다. 우리 가족은 모두 특이한 습관들을 가지고 있다. 우리 아빠는 담배와 술을 아주 좋아하신다. 엄마가 잔소리를 하실 때마다, 금연·금주를 하겠다고 약속하시지만 여전히 담배와 술을 계속 하신다. 우리 엄마는 다양한 습관을 가지고 있는데 그중 하나가 머리 모양을 자주 바꾸는 것이다. 심지어는 여러 모양의 가발까지도 가지고 계신다. 우리 형은 몸 만드는 것에 빠져 있다. 그는 근육을 크게 하기 위해 웨이트 트레이닝을 한다. 그는 매일 헬스장에서 무거운 것을 들어올린다. 나는 공부에는 관심이 없고 다양한 악기를 연주하는 것에 관심이 많다. 나는 될 수 있는 한 많은 악기를 연주할 수 있기를 원한다. 지금까지 피아노, 하모니카, 오카리나, 플루트, 클라리넷 연주하는 방법을 배웠다. 우리 가족은 우리가 하고 싶어하는 것들을 하기 때문에 별 불평 없이 잘 지내는 것 같다.

unusual 특이한 | habit 습관 | whenever ~할 때마다 | nag 잔소리하다 | be crazy about ~에 빠져 있다 | weight training 무거운 것을 들어올리는 운동 | muscle 근육 | lift 들어올리다 | fitness club 헬스클럽 | musical instrument 악기 | as ~ as possible 가능한 한 ~한 | until now 지금까지 | get along well with ~와 잘 지내다

PART II
영작을 위한 표현

066 내 동생은 나만큼 키가 크다. 동등비교

☑ **나의 영작실력은?**

❶ 나는 그녀만큼 지적이고 싶다. → _____

❷ 나는 그녀만큼 주의 깊지 못하다. → _____

--- 영어일기가 쉬워지는 영작패턴 ---

198 '~만큼 …한/하게'의 비교 표현은 as … as ~ 구문으로 나타냅니다.

내 동생은 나만큼 키가 크다. My brother is as tall as I.

나는 그 달리기선수만큼 빨리 달렸다. I ran as fast as that runner.

내 것은 그의 것만큼 비싸다. Mine is as expensive as his.

나는 그 농구선수만큼 키가 컸으면 좋겠다.
I wish I were as tall as that basketball player.

199 '~만큼 …못한/못하게'의 의미는 not so/as … as ~ 구문으로 표현하는데, 이는 '~보다 덜 …한/하게'을 나타내는 less … than ~으로 바꾸어 써도 됩니다.

내 것은 그의 것만큼 크지 않았다.
Mine was not so big as his. = Mine was less big than his.

나는 형만큼 사려가 깊지 못하다.
I am not so thoughtful as my brother. = I am less thoughtful than my brother.

그것은 보이는 것처럼 쉬운 일이 아니었다.
It was not as easy as it seemed. = It was less easy than it seemed.

그는 내가 생각했던 것만큼 나쁘지 않다.
He is not as bad as I thought. = He is less bad than I thought.

지금은 예전만큼 예민하지 않다.
I am not as sensitive as I used to be. = I am less sensitive than I used to be.

나는 보이는 것만큼 건강하지 않다.
I am not as healthy as I look. = I am less healthy than I look.

1   내 동생은 나만큼 욕심이 많다. (greedy 욕심이 많은)

My brother is as _____.

2   그는 나만큼 많은 돈을 모았다. (save 모으다)

He saved _____.

3   그녀는 우리 누나만큼 상냥했다. (sweet 상냥한)

She was _____.

4   동물의 생명은 우리의 생명만큼 소중하다. (precious 소중한)

An animal's life is _____.

5   그는 나를 우리 엄마만큼 많이 사랑한다.

He loves me _____.

6   나는 그녀만큼 낙천적이지 않다고 생각한다. (optimistic 낙천적인)

I think _____.

7   그는 나만큼 소심하지 않았다. (timid 소심한)

_____.

8   내가 사고 싶은 만큼 많이 샀다.

_____.

9   그는 나만큼 많은 컴퓨터 게임 CD를 가지고 있다.

_____.

10 나는 내가 원하는 만큼 잠을 잘 못 잤다.

_____.

 본인과 친구들 또는 가족들을 비교하는 일기를 써보세요.

Chapter 06

067 그는 참 냉정하다. 비유표현

☑ **나의 영작실력은?**

❶ 나는 종달새처럼 정말 즐거웠다. → _____

❷ 그는 달팽이처럼 정말 느리다. → _____

영어일기가 쉬워지는 영작패턴

200 '~처럼 …한'의 의미를 표현하기 위해서는 '~만큼 …한'을 나타내는 as … as ~를 사용합니다. 영어에는 생물이나 무생물에 비유하여 어떠한 성질을 나타내는 구문 이 많습니다. 해석은 '매우 ~한'이라고 해주면 되지요.

동물 비유표현 as hungry as a bear 곰처럼 배고파하는 | as fat as a pig 돼지처럼 뚱뚱한 | as weak as a kitten 새끼 고양이처럼 연약한 | as strong as an ox 황소처럼 강한 | as happy as a lark 종달새처럼 즐거운 | as quiet as a mouse 쥐처럼 조용한 | as poor as a church mouse 교회 쥐처럼 가난한 | as blind as a bat 박쥐처럼 눈먼 | as wise as an owl 올빼미처럼 현명한 | as busy as a bee 벌처럼 바쁜 | as sly as a fox 여우처럼 교활한 | as silly as sheep 양처럼 어리석은 | as meek as a lamb 새끼 양처럼 온순한 | as fierce as a lion 사자처럼 사나운 | as stubborn as a mule 노새처럼 고집 센 | as fast as a hare 산토끼처럼 빠른 | as playful as a puppy 강아지처럼 쾌활한 | as slow as a snail 달팽이처럼 느린 | as graceful as a swan 백조처럼 우아한 | as big as a cow 암소처럼 큰

식물 비유표현 as cool as a cucumber 오이처럼 냉정한, 침착한 | as fresh as a daisy 데이지 처럼 발랄한 | as green as grass 풀처럼 애송이 같은 | as sturdy as an oak 참나무처럼 튼튼한

무생물 비유표현 as true as steel 강철처럼 충실한 | as weak as water 물처럼 연약한 | as sharp as a razor 면도칼처럼 날카로운 | as white as snow 눈처럼 하얀 | as neat as a new pin 새 핀처럼 말쑥한 | as cold as ice 얼음처럼 차가운 | as good as gold 금처럼 아주 친절한 | as firm as a rock 바위처럼 견고한 | as black as ink 잉크처럼 검은 | as hard as iron 쇠처럼 단단한 | as flat as a pancake 팬케이크처럼 납작한 | as sweet as honey 꿀처럼 달콤한 | as tough as leather 가죽처럼 질긴 | as comfortable as an old shoe 오래된 신발처럼 편안한 | as easy as ABC ABC처럼 아주 쉬운 | as different as night and day 낮과 밤처럼 다른

그는 오이처럼(=매우) 냉정하다. He is as cool as a cucumber.
그는 참나무처럼(=매우) 튼튼하다. He is as sturdy as an oak.

1 그녀는 교회 쥐처럼 가난했었다. (poor 가난한)

She was _____.

2 내 동생은 올빼미처럼 영리하다. (wise 영리한)

My brother _____.

3 우리 엄마는 벌처럼 바쁘시다. (busy 바쁜)

My mom _____.

4 그녀는 데이지처럼 발랄했다. (fresh 발랄한)

She _____.

5 아기는 새끼고양이처럼 약했다. (weak 약한)

The baby _____.

6 가끔 그들은 사자처럼 사나웠다. (fierce 사나운)

_____.

7 그 고기는 가죽처럼 질겼다. (tough 질긴)

_____.

8 나는 백조처럼 우아하고 싶었다. (graceful 우아한)

_____.

9 그 소파는 오래된 신발처럼 편했다. (comfortable 편한)

_____.

10 그 일은 ABC처럼 쉬웠다. (easy 쉬운)

_____.

 성질을 나타내는 비유표현들을 사용하여 일기를 써보세요.

068 가능한 한 빨리 끝내야 했다. `as ~ as 응용표현`

☑ 나의 영작실력은?

❶ 우리 아버지는 가능한 한 안전하게 운전을 하신다.

→ _____

❷ 그것은 새 것이나 마찬가지이다. → _____

영어일기가 쉬워지는 영작패턴

201 '가능한 한 ~하게'의 표현은 「as + 부사 + as possible」, 「as + 부사 + as + 주어 + can」으로 나타낼 수 있습니다.

가능한 한 빨리 그 일을 끝내야 했다.
I had to finish the work as soon as possible. = I had to finish the work as soon as I could.

나는 가능한 한 크게 소리를 질렀다.
I shouted as loud as possible. = I shouted as loud as I could.

나는 가능한 한 빨리 걸었다.
I walked as fast as possible. = I walked as fast as I could.

202 as ~ as가 사용된 구문으로는 다음과 같은 것들이 있습니다.

- as ~ as can be : 더할 나위 없이 ~한
- not so much A as B : A라기보다는 차라리 B인
- as good as A : A와 마찬가지인, A에 못지않은
- A as well as B : B뿐 아니라 A도

날씨가 더할 나위 없이 좋다. The weather is as fine as can be.

그는 더할 나위 없이 좋으신 선생님이다. He is as good a teacher as can be.

나는 더할 나위 없이 행복했다. I was as happy as could be.

그녀는 비관론자이기보다는 차라리 현실주의자이다.
She is not so much a pessimist as a realist.

그것은 끝난 거나 마찬가지이다. It's as good as finished.

그는 죽은 거나 마찬가지이다. He is as good as dead.

그는 나에게 용돈뿐 아니라 옷도 주셨다.
He gave me the clothes as well as my allowance.

1 나는 가능한 한 일찍 거기에 가야했다. (early 일찍)

I had to _____ as _____ as _____.

2 나는 가능한 한 오래 집에 머물러 있었다.

I stayed _____.

3 그는 가능한 한 자주 수영을 한다. (often 자주)

He swims _____.

4 그 의사선생님은 더할 나위 없이 친절했다.

The doctor _____.

5 그는 더할 나위 없이 책임감이 강했다. (responsible 책임감이 강한)

He was _____.

6 나는 가능한 한 빨리 그것을 끝냈다.

I finished it _____.

7 그는 전문적인 댄서나 마찬가지이다. (professional 전문적인)

_____.

8 그는 착하기보다는 인간적이다. (humane 인간적인)

He is not _____.

9 그는 가수라기보다는 배우이다.

_____.

10 나는 스포츠뿐 아니라 음악에도 관심이 있다. (be interested in ~에 관심이 있다)

_____.

 가능한 한 빨리, 또는 가능한 한 자주 해야 했던 일들이 있었나요? 그런 일들을 나열하여 일기를 써보세요.

069 내가 수영을 더 잘한다. 비교급 1

☑️ **나의 영작실력은?**

❶ 오늘은 어제보다 더 시원하다. → _____

❷ 나는 음악보다 미술에 더 관심이 있다. → _____

─── **영어일기가 쉬워지는 영작패턴** ───

203 '~보다 더 …한/하게'의 표현은 「형용사/부사 + -er than + 명사」 구문으로 나타내며, 형용사나 부사가 3음절 이상일 경우는 「more + 형용사/부사 + than + 명사」의 구문을 사용합니다. 다음과 같은 단어는 불규칙 비교급, 최상급 형태를 취하며 때로는 「than + 명사」 없이 비교급만 사용되기도 합니다.

- good, well(좋은, 잘) – better – best
- bad, ill(나쁜, 아픈) – worse – worst
- many, much(많은, 많이) – more –most
- little(적은, 적게) – less – least

내가 그보다 수영을 더 잘한다. I swim better than he.

그는 나에게 좀 더 있다 가라고 했다. He asked me to stay a bit longer.

나는 집에서보다 도서관에서 공부하는 것이 더 좋다.
It's better to study in the library than at home.

나는 좀 더 먹고 싶었다. I wanted to have some more.

나는 내 친구들보다 유행에 더 민감하다.
I am more fashion-conscious than my friends.

나는 고기를 덜 먹고 채소를 더 많이 먹으려고 노력했다.
I tried to eat less meat and more vegetables.

나는 음악을 듣는 것보다 노래하는 것을 더 좋아한다.
I like singing more than listening to music.

204 동일한 한 사람의 성질을 비교할 때는 more를 사용하여 표현하는데 이때 more는 rather(~라기보다는 더)의 의미로 쓰입니다.

릴리는 정직하기 보다는 영리하다.
Lily is *cleverer* than honest. (X)
Lily is more clever than honest. (O)

1 그녀는 그녀의 동생보다 더 키가 작다. (short 키가 작은)

She is _____ her sister.

2 그는 나보다 더 열정적인 것 같다. (passionate 열정적인)

He seems to be more _____.

3 그는 나보다 달리기를 더 빠르게 한다.

He runs _____.

4 나는 축구를 하는 것보다는 보는 것을 좋아한다.

I like _____ more than _____.

5 그것은 내가 생각했던 것보다 더 훌륭했다. (great 훌륭한)

It was _____.

6 나는 지금보다 더 부지런해져야 한다. (diligent 부지런한)

_____.

7 나는 여름에 수영하는 것보다 겨울에 스키 타는 것을 더 좋아한다.

_____.

8 나는 지하철이 버스보다 더 편하다고 생각한다. (comfortable 편안한)

_____.

9 그녀는 예쁘기보다는 귀엽다. (cute 귀여운)

_____.

10 나는 그 전보다 더 적극적인 성격이 되었다. (active 적극적인)

_____.

Chapter 06

 자신의 것과 다른 것을 비교하여 어떠한지에 대해서 일기를 써보세요.

070 배울수록 더 겸손해져야 한다. 비교급 2

☑ **나의 영작실력은?**

❶ 이것이 저것보다 훨씬 싸다. → _____

❷ 사람은 가질수록 더 원한다. → _____

영어일기가 쉬워지는 영작패턴

205 비교급을 강조하여 '훨씬 더 ~한'의 의미를 표현하기 위해서는 비교급 앞에 even, still, far, a lot, much를 씁니다.

그 가방은 내가 예상했던 것보다 훨씬 더 비쌌다.
The bag was **much** more expensive than I expected.

나는 훨씬 더 싼 것을 사고 싶었다. I wanted something **much** cheaper.

온라인 쇼핑이 카탈로그 쇼핑보다 훨씬 더 값이 싼 경향이 있다.
On-line shopping tends to be **a lot** cheaper than catalog shopping.

내가 기대했던 것보다 훨씬 더 많은 선물을 받았다.
I got **much** more presents than I expected.

나는 동생보다 공부를 훨씬 더 열심히 한다. I study **much** harder than my brother.

이것이 저것보다 훨씬 더 좋다. This is **still** better than that.

이 가방이 저것보다 훨씬 더 비싸다.
This bag is **even** more expensive than that one.

206 '~하면 할수록 더 …하다'는 「the + 비교급 ~, the + 비교급 …」을 사용하여 표현할 수 있습니다.

사람은 배울수록 더 겸손해져야 한다.
The more learned a man is, **the more** modest he should be.

많으면 많을수록 더 즐겁다. **The more, the** merrier.

이르면 이를수록 더 좋다. **The sooner, the** better.

말은 적을수록 더 좋다. **The less** said about it, **the** better.

1 이 컴퓨터가 훨씬 더 좋다. (better 더 좋은)

This computer is _____.

2 그가 나보다 훨씬 더 생각이 깊다. (thoughtful 생각이 깊은)

He is _____ than I.

3 그를 알면 알수록 나는 그가 더 좋다.

The more _____, the _____.

4 나는 배영보다 접영을 훨씬 더 잘한다. (butterfly stroke 접영, backstroke 배영)

I swim _____ a lot _____ the backstroke.

5 빠르면 빠를수록 더 좋다. (fast 빠른)

The _____, _____.

6 많으면 많을수록 더 좋다.

_____, _____.

7 나보다 내 동생이 훨씬 키도 크고 뚱뚱하다. (fat 뚱뚱한)

_____.

8 나는 수학보다 영어를 훨씬 더 좋아한다.

_____.

9 나는 지금보다 훨씬 더 날씬하고 싶다. (slender 날씬한)

_____.

10 더 높이 올라갈수록 더 추웠다. (climb 올라가다)

_____.

 무엇과 비교하여 차이가 많이 났던 경우나, 어떤 일을 할수록 정도가 심해졌던 경험을 일기로 써보세요.

071 그때가 가장 행복했다. 최상급

☑ **나의 영작실력은?**

❶ 그 선물은 내가 가장 갖고 싶었던 것이다. → _____

❷ 그것은 지금까지 내가 저지른 것 중 최악의 실수였다.

　　→ _____

영어일기가 쉬워지는 영작패턴

207 '가장 ~한/하게'의 의미인 최상급의 표현은 형용사의 경우 「the + 형용사 + -est」로, 부사일 경우는 the를 쓰지 않고 「부사 + -est」의 형태로 나타내며, 형용사나 부사가 3음절 이상일 경우는 「(the) most + 형용사/부사」의 형태를 사용하여 나타냅니다.

그때가 가장 행복했다. I was the happiest at that time.

그녀는 한국에서 가장 인기 있는 가수이다. She is the most popular singer in Korea.

그는 우리 반에서 가장 성실한 학생이다. He is the most sincere student in my class.

그가 우리 반에서 가장 뚱뚱하다. He is the fattest in my class.

그것이 가장 중요한 것은 아니다. It isn't the most important thing.

그것이 가장 높은 곳까지 올라갔을 때, 난 좀 무서웠다.
When it went up to the highest point, I was a little scared.

208 '지금까지 ~한 것 중에 가장 …한 -'의 표현은 「최상급 + 명사 + I have/had ever + 과거분사」의 구문으로 나타냅니다.

그는 내가 지금껏 만나본 사람 중 가장 똑똑한 사람이다.
He is the smartest person I've ever met.

그 것은 내가 지금까지 입어본 옷 중에 가장 짧은 치마였다.
It was the shortest skirt I'd ever tried on.

그는 내가 지금껏 만나본 사람 중에 가장 웃기는 사람이었다.
He was the funniest person I'd ever met.

그 시험이 지금까지 내가 본 시험 중에 가장 쉬운 것이었다.
The exam was the easiest I'd ever taken.

1 그것이 모든 것 중에서 가장 컸다. (of all 모든 것 중에서)

It was _____.

2 나는 가장 가까운 식당을 찾았다. (look for ~을 찾다)

I looked _____.

3 그는 한국에서 가장 웃기는 코미디언이다. (funny 웃기는, comedian 코미디언)

He is the _____.

4 연습이 영어를 배우는 데 가장 중요한 것이다.

Practice _____ in learning English.

5 오늘이 내 인생에서 가장 슬픈 날이었다.

Today was _____.

6 그녀가 모두들 중에서 가장 빨리 달렸다. (of all 모두들 중에서)

She _____.

7 난 혼자 있을 때가 가장 편하다. (comfortable 편안한)

I am _____.

8 그것은 내가 지금까지 본 영화 중 최악의 영화이다. (worst 최악의)

_____.

9 나는 건강을 가장 중요한 것이라고 생각한다.

_____.

10 이 책이 내가 지금까지 읽은 책 중에서 가장 지루한 책이다.

_____.

 언제 무엇이 최고로 어떠했는지를 떠올리며 일기를 써보세요.

072 우유가 더 이상 없다. 비교급·최상급 응용표현

☑ 나의 영작실력은?

❶ 나는 열 명 이상의 친구를 초대할 것이다. → _____

❷ 나는 더 이상 그의 조언을 따르지 않을 것이다.

→ _____

영어일기가 쉬워지는 영작패턴

209 '~ 이상/이하' 또는 '더 이상 ~ 않다' 등 비교급이나 최상급을 이용한 표현들은 다음과 같습니다.

- ~ 이상 : more than ~, ~ or more
- ~ 이하 : less than ~, ~ or less
- 다소 : more or less
- 더 이상 ~ 않다(기간) : no longer = not ~ any longer
- 더 이상 ~ 없다/않다(양, 기간) : no more = not ~ any more
- 최소한, 적어도 : at least, not less than
- 대개는, 대개의 경우 : for the most part

냉장고에 우유가 더 이상 없다. There is no more milk in the refrigerator.
그는 책을 만 권 이상 읽었다. He read more than 10,000 books.
그는 책을 열 권도 더 샀다. He bought 10 books or more.
그 강당은 자리가 최소한 50개는 있다. The hall has at least 50 seats.
나는 더 이상 그를 만나지 않는다.
I meet him no longer. = I don't meet him any longer.

210 복수명사 앞에 오는 most는 '대부분의'라는 의미의 형용사로 쓰이지만, 「most of + 복수명사」는 '~의 대부분'이라는 표현으로 이때 most는 명사로 쓰입니다.

대부분의 학생들은 휴대폰으로 문자 보내는 것을 좋아한다.
Most students like to send text messages with the cell-phone.
나는 시간의 대부분을 여행하는 데 보낸다. I spend most of my time traveling.

1 오늘 나는 만 원 이하의 돈을 썼다.

I spent _____ today.

2 그가 나에게 50권 이상의 책을 주었다.

He gave _____.

3 나는 최소한 세 개의 휴대폰을 잃어버렸다. (at least 최소한)

I lost _____ three cell-phones.

4 그 책의 값은 만 원 이하일 것이다.

The price of the book may _____.

5 나는 적어도 세 시간은 기다렸다.

I _____.

6 나는 더 이상 그에게 의존하지 않을 것이다. (depend on ~에 의존하다)

I will _____.

7 그는 세 나라 이상을 방문하였다. (visit ~를 방문하다)

_____.

8 대부분의 사람들이 낮잠을 자고 있었다. (take a nap 낮잠 자다)

_____.

9 나는 대부분의 시간을 여행으로 보낸다.

_____.

10 나는 더 이상 더위를 참을 수가 없었다. (stand 참다, heat 더위)

_____.

 비교급이나 most를 이용한 여러 형태의 표현을 사용하여 일기를 써보세요.

모범일기 08

Blind date
Sunny, Sunday, 10 February

I had a blind date today. I hoped to make a new friend on the blind date. I liked the girl. She was my favorite type; that is, she is my Miss Right. She was much more active and positive than I expected. She was as sweet as my sister and told a lot of funny stories. She was as cheerful as could be. I wanted to talk to her as much as possible. The more I talked to her, the better I felt. She was the most attractive girl I'd ever met. I wanted to spend more time with her, but I had to go back home because it was so late. I stored her cell phone number into my phone. I hope to meet her again.

소개팅

오늘 나는 소개팅을 했다. 나는 소개팅에서 새 친구를 사귀기를 바랐다. 나는 그 여성이 맘에 들었다. 그녀는 내가 좋아하는 타입이었다. 즉, 그녀는 나의 이상형이었다. 그녀는 내가 기대했던 것보다 훨씬 능동적이고 긍정적이었다. 그녀는 우리 누나만큼 상냥했으며 재미있는 이야기들을 잘했다. 그녀는 더할 나위 없이 명랑했다. 나는 가능한 한 많이 그녀와 이야기를 하고 싶었다. 그녀와 이야기를 하면 할수록 기분이 좋아졌다. 그녀는 지금까지 내가 만나본 사람 중에 가장 매력적인 사람이었다. 그녀와 더 많은 시간을 보내기를 원했지만, 시간이 너무 늦어 집에 돌아와야 했다. 그녀의 휴대폰 전화번호를 내 휴대폰에 저장했다. 그녀와 또 만날 수 있기를 바란다.

blind date 소개팅 | Miss Right 여성 이상형(cf. Mr. Right 남성 이상형) | positive 긍정적인 | expect 기대하다 | sweet 상냥한 | funny 우스운 | cheerful 명랑한 | attractive 매력적인 | store 저장하다

PART II
영작을 위한 표현

073 여름에는 바다에 가고 싶다. 시간전치사

☑ 나의 영작실력은?

❶ 나는 저녁식사 후에 항상 TV를 본다.

→ _____

❷ 나는 열 시까지 그녀를 기다렸다. → _____

영어일기가 쉬워지는 영작패턴

전치사는 명사(구), 대명사, 동명사 앞에 위치하여 시간, 장소, 원인, 수단 등을 나타냅니다.

211 다음은 시간을 나타내는 전치사들입니다.

전치사	용법	의미
at in on	시각, 비교적 짧은 시간 비교적 긴 시간(주, 월, 계절, 연도 등) 날짜, 요일, 특정한 일시	~에 ~에 ~에
by till	동작이나 사건의 완료 시한 동작이나 사건의 계속	~까지는 ~까지
for during through	시간, 기간을 나타내는 명사와 함께 사건, 일을 나타내는 명사와 함께 처음부터 끝까지 계속됨	~ 동안 ~ 동안, ~ 중에 ~ 동안 계속, ~ 동안 내내
in within	시간의 경과 일정한 기간 이내	~ 후에, 지나서 ~ 이내에
since from	과거부터 현재까지의 계속 일이 시작되는 시점	~ 이후로 죽 ~부터
before after	지금이나 그때보다 이전 어떤 기준 시점의 이후	~보다 전에, ~ 이전에 ~ 후에

나는 여름에는 바다에 가고 싶다. I want to go to the sea in summer.
우리 가족은 7시에 아침식사를 한다. My family has breakfast at 7 o'clock.
나는 일주일 이내에 그것을 시작할 것이다. I'll start it within a week.
나는 몇 분 후에 돌아올 것이다. I'll be back in a few minutes.
나는 방학 동안 미국에 갔었다. I went to America during my vacation.
나는 밤새 공부했다. I studied through the night.

1 나는 일요일에 교회에 갈 것이다. (go to church 교회에 가다)

I'll _____.

2 나는 아침부터 밤까지 열심히 일했다. (from A till B A부터 B까지)

I worked _____.

3 나는 자정까지 보고서를 끝마쳐야 했다. (midnight 자정)

I had to _____.

4 나는 지금부터 다이어트를 할 것이다. (go on a diet 다이어트하다)

I'll _____.

5 나는 이번 휴가 동안 삼촌 집을 방문했다. (visit 방문하다)

I _____.

6 나는 6년 동안 영어를 공부해왔다.

I _____.

7 나는 종종 방과 후에 PC방에 간다. (Internet cafe PC방)

_____.

8 그는 몇 년 후에 집에 돌아왔다. (come back 되돌아오다)

_____.

9 나는 수업 시간 내내 졸았다. (doze 졸다)

_____.

10 나는 점심식사 이후로 배가 계속 아팠다. (stomachache 복통)

_____.

 어떤 때에 무슨 일을 하는지에 대해 일기를 써보세요.

074 그가 방에서 뛰어 나왔다. 장소전치사

☑ **나의 영작실력은?**

❶ 나는 의자에 가방을 놓았다. → _____

❷ 그가 갑자기 방에 들어왔다. → _____

── **영어일기가 쉬워지는 영작패턴** ──

212 다음은 장소를 나타내는 전치사입니다.

전치사	용 법	의 미
at in	비교적 좁은 장소 비교적 넓은 장소	~에 ~에, ~ 안에
on beneath	표면에 접촉한 위 표면에 접촉한 아래	~ 위에 ~ 아래에
over under	표면과 떨어져서 바로 위 표면과 떨어져서 바로 아래	~ 바로 위에, ~ 이상 ~ 바로 아래에
above below	over보다 더 위 under 보다 더 아래	~보다 높은 곳에, ~ 이상 ~보다 낮은 곳에, ~ 이하
up down	이동의 방향 이동의 방향	~ 위쪽으로 ~ 아래쪽으로
between among	둘 사이 셋 이상	~ 사이에 ~ 중에
into out of	이동의 방향 이동의 방향, 장소	~ 안으로 ~ 밖으로, ~ 밖에
from for to toward through	출발 기점 행선지, 목적 도착점 운동의 방향 통과, 관통	~에서부터 ~을 향해, ~를 위해 ~으로, ~에 ~ 쪽으로 ~을 통해
in front of behind	장소의 위치 장소의 위치	~ 앞에 ~ 뒤에

그가 방 밖으로 뛰어나왔다. He ran out of the room.
나는 지붕 위로 날아가는 새들을 보았다. I saw some birds flying above the roof.
박물관 앞에서 그를 만났다. I met him in front of the museum.

1 나는 대전에 산다.

_____ Daejeon.

2 나는 기차역에서 그들을 만났다. (train station 기차역)

I met _____.

3 아이들이 나무 위로 올라갔다. (climb 오르다)

The children _____.

4 나는 슈퍼마켓으로 향했다. (head for ~로 향하다)

I _____ the supermarket.

5 내 지갑이 소파 쿠션 사이에 있었다. (wallet 지갑)

My _____ the sofa cushions.

6 그는 계단을 내려갔다. (step 계단)

He _____.

7 나는 그 건물로 걸어 들어갔다. (building 건물)

_____.

8 방 안에는 아무도 없었다.

There _____.

9 우리 가게는 학교와 은행 사이에 있다.

_____.

10 나는 선생님들 사이에 앉아 있었다.

_____.

 무엇이 어디에 있는지, 어디로 움직였는지에 대해 일기를 써보세요.

075 그의 집은 돌로 만들어졌다. 원인/재료전치사

☑ **나의 영작실력은?**

❶ 나는 무서워서 다리가 떨렸다. → _____

❷ 그 장난감은 종이 한 장으로 만들어졌다.

→ _____

───── **영어일기**가 **쉬워지는 영작패턴** ─────

213 원인이나 이유를 나타내는 전치사로는 at(~을 보고/듣고/알고), for(~한 이유로, ~ 때문에), 「with + 병명, 감정」(~로, ~ 때문에), 「of/from + 원인」(~로 인해) 등이 있습니다.

나는 그 소식을 듣고 매우 놀랐다. I was very surprised at the news.

다시 그에게 전화를 하지 못해서 매우 미안했다.
I was very sorry for not calling him back.

나는 두통으로 고생했다. I suffered from a headache.

그는 심장 발작으로 죽었다. He died of a heart attack.

나는 열 때문에 아프다. I am sick with a fever.

화가 나서 얼굴이 붉어졌다. My face was flushed with anger.

214 재료나 원료를 나타내는 표현으로는 '~로 만들어지다'라는 의미의 be made of ~(물리적으로만 변형시켰을 때), be made from ~(화학적인 변화가 있었을 때)이 있으며, 재료가 어떤 결과물로 만들어질 때는 be made into ~(~가 되다)로 표현합니다.

그의 집은 돌로 만들어졌다. His house is made of stone.

그 쿠키는 밀가루와 달걀로 만들어진다. The cookies are made from flour and eggs.

맥주는 보리로 만들어진다. Beer is made from barley.

그 포도가 포도주가 되었다. The grapes are made into wine.

1 나는 그 결과를 알고 깜짝 놀랐다. (result 결과)

I was _____.

2 나는 그 실수로 얼굴이 빨개졌다. (blush 얼굴을 붉히다)

I blushed _____.

3 나는 독감으로 고생이다. (suffer from ~로 고생이다, influenza 독감)

I _____.

4 내 동생은 복통으로 누워 있다. (be in bed 침대에 누워있다)

My brother _____ a stomachache.

5 그는 심한 통증 때문에 울었다. (cry from ~로 울다, pain 통증)

He _____.

6 화가 나서 떨렸다. (tremble 떨리다)

I _____.

7 그 건물은 벽돌로 만들어졌다. (brick 벽돌)

_____.

8 그의 집 내부의 모든 것이 나무로 만들어졌다.

_____.

9 그 가죽이 신발이 되었다. (leather 가죽)

_____.

10 나는 그의 이상한 반응에 실망했다. (response 반응)

_____.

 원인이나 이유를 나타내는 전치사를 이용하여 일기를 써보세요.

Chapter 07

076 택시를 타고 갔다. 수단/도구전치사

☑ **나의 영작실력은?**

❶ 나는 그에게 초콜릿을 줌으로써 밸런타인데이를 기념했다.

→ _____

❷ 나는 기차를 타고 여행하는 것을 좋아한다. → _____

영어일기가 쉬워지는 영작패턴
---

215 수단, 도구를 나타내는 전치사는 with(~를 가지고, ~로), through(~를 통하여, ~에 의하여), by(~에 의해, ~로), by -ing(~함으로써),「in + 언어」(~ 언어로) 등이 있습니다.

난 내 휴대폰으로 사진 찍는 것을 좋아한다. I like taking pictures **with** my cell phone.

나는 만년필로 쓰는 것을 좋아한다. I like writing **with** a fountain pen.

인터넷을 통한 원격 학습이 인기 있다.
Distance learning **through** the Internet is popular.

나는 창문을 통해 그들을 보았다. I saw them **through** the window.

나는 그에게 항공 우편으로 선물 하나를 보냈다. I sent him a present **by** air mail.

우리는 재활용함으로써 환경을 보호할 수 있다.
We can preserve our environment **by** recycling.

나는 매일 영어로 일기를 쓰려고 노력한다. I try to keep a diary **in** English every day.

216 교통수단을 나타낼 때는「by + 운송수단」으로 '~를 타고, ~로'의 의미를 표현합니다.

우리는 택시를 타고 학교에 갔다. We went to school **by** taxi.

우리는 서울에 버스를 타고 갔다가 기차를 타고 돌아왔다.
We went to Seoul **by** bus and returned **by** train.

우리 가족은 비행기를 타고 제주도에 갔다. My family went to Jeju Island **by** plane.

나는 스키 리프트를 타고 꼭대기로 올라갔다. I went to the top **by** ski lift.

1 나는 바람개비를 가지고 놀았다. (pinwheel 바람개비)

I _____.

2 내 여동생은 인형을 가지고 노는 것을 좋아한다. (doll 인형)

My sister likes _____.

3 나는 그 옷을 손으로 빨아야 했다. (wash the clothes 옷을 빨다)

I had to _____.

4 나는 그에게 선물을 속달로 보냈다. (express mail 속달)

I sent _____.

5 그 책을 통해 놀라운 사실들을 알게 되었다. (get to ~하게 되다, amazing 놀라운)

I got to _____.

6 나는 서둘러 택시를 타고 공항에 갔다. (in a hurry 서둘러)

I _____.

7 나는 음악을 들음으로써 긴장을 풀었다. (relax 긴장을 풀다)

_____.

8 우리는 택시를 타고 역으로 가는 지름길로 갔다. (shortcut to ~로 가는 지름길)

_____.

9 나는 고속열차인 KTX로 가고 싶었다. (express train 고속열차)

_____, KTX.

10 나는 여행을 통해 다른 문화를 경험하고 싶다.

_____.

 무엇을 가지고 어떤 일을 한 경험이나, 교통수단을 이용해 어떤 곳에 갔었던 이야기를 일기로 써보세요.

Chapter 07

077 실망스럽게도, 그는 아무 말이 없었다. 전치사의 사용

☑ **나의 영작실력은?**

❶ 기쁘게도, 그가 시험에 합격했다. → _____

❷ 나는 오늘 저녁에 영화 보러 시내에 갈 것이다.

　　→ _____

영어일기가 쉬워지는 영작패턴

217 '~가 …하게도'라는 감정 표현은 「to one's + 감정명사」의 형태로 나타냅니다. 감정을 나타내는 명사는 surprise/astonishment(놀라움), disappointment/ despair/discouragement(실망, 절망), joy/pleasure/delight(기쁨, 즐거움), satisfaction(만족), sorrow/grief(슬픔) 등이 있습니다. 감정의 정도가 깊을 경우 에는 감정명사 앞에 great, much를 사용합니다.

실망스럽게도, 그는 아무 말이 없었다.
To my disappointment, he said nothing.

실망스럽게도, 그는 나에게서 떠나버렸다.
To my disappointment, he went away from me.

기쁘게도, 오늘은 아무 일 없이 쉴 수 있었다.
To my delight, I was able to just relax without working today.

매우 기쁘게도, 엄마가 드레스를 사주셨다.
To my great joy, my mom bought me a dress.

만족스럽게도, 그것이 사실로 판명되었다. To my satisfaction, it proved to be true.

218 this, last, next, every, each, one, some, all 등과 함께 쓰는 시간 표현은 앞에 전치사를 쓰지 않습니다. 예를 들면, this month(이번 달에), last week(지난주 에), next day(다음 날에), every week(매주), each day(매일), one day(어느 날 에), someday(언젠가는), all day(하루 종일) 등의 표현이 있습니다. 또한 home, outside, upstairs, downstairs, downtown, abroad 등의 장소부사 앞에서도 전 치사를 쓰지 않습니다.

이번 주말에 우리는 서울로 이사 간다. We move to Seoul this weekend.

다음 주 화요일에 나는 고아원에서 자원봉사를 할 것이다.
I will volunteer at the orphanage next Tuesday.

그가 나를 집에 태워다주었다. He gave me a ride home.

1 놀랍게도, 나는 지난주에 슬픈 소식을 들었다. (last week 지난주에)

　 To my _____, _____.

2 슬프게도, 갑자기 할머니가 돌아가셨다. (pass away 돌아가시다)

　 To my _____, my grandmother _____.

3 우리가 놀랍게도, 그녀는 자동차 사고를 당했다. (accident 사고)

　 To our _____, she _____.

4 절망스럽게도, 우리는 그녀를 더 이상 볼 수가 없다. (no longer 더 이상 ~않다)

　 To our _____, we _____.

5 유감스럽게도, 그는 나에게 그것에 대해 알려주지 않았다. (let ~ know ~에게 알려주다)

　 _____, he didn't _____.

6 실망스럽게도, 그는 나에게 또 거짓말을 했다. (lie 거짓말하다)

　 _____.

7 밖으로 나가기 싫었다.

　 _____.

8 나는 언젠가는 성공할 것이라고 생각한다. (succeed 성공하다)

　 _____.

9 우리 가족은 매년 겨울에 스키를 타러 간다.

　 _____.

10 지난 일요일에 자전 바자회에 갔다. (charity bazaar 자선 바자회)

　 _____.

 어떤 일이 있을 때 무슨 감정으로 받아들였는지에 대해 일기로 써보세요.

078 내 생각에 그는 제정신이 아니었다. 생각·의견

☑ **나의 영작실력은?**

❶ 내 생각에는, 그는 마음이 따뜻한 것 같다.

→ _____

❷ 솔직히 말하자면, 나는 그를 괴롭히지 않았다.

→ _____

영어일기가 쉬워지는 영작패턴

219 생각이나 의견을 나타낼 때는 in my mind(내 생각에는), in my opinion(내 의견으로는), in my view(내 견해로는)를 이용하여 표현합니다.

내 생각에는, 그는 제정신이 아니었다.
In my mind, I thought he was beside himself.

내 생각에는, 그가 잘 해낼 것 같았다.
In my mind, I thought he would be able to do well.

내 의견으로는, 우리는 쓰레기를 따로 분리해야 한다고 생각한다.
In my opinion, we should sort the garbage accordingly.

내 생각에는, 과식이 건강에 좋지 않은 것 같다.
In my opinion, overeating is not good for our health.

내 견해로는, 너무 종교적인 것은 좋지 않은 것 같다.
In my view, it is not good to be too religious.

220 생각이나 의견을 나타내는 다른 표현으로는 as I see it(내가 보기에는), speaking of(~에 대해 말하자면), frankly speaking(솔직히 말하자면), honestly(솔직히 말해), to tell the truth(사실을 말하자면) 등이 있습니다.

내가 보기에는, 그 가격이 적당한 것 같다. As I see it, the price is affordable.

그에 대해 말하자면, 그는 항상 신중하다. Speaking of him, he is always prudent.

솔직히 말하자면, 내가 그의 가방을 가져오지 않았다. Honestly, I didn't bring his bag.

사실을 말하자면, 그가 그것을 훔쳐갔다. To tell the truth, he stole it.

1 내 생각에는, 그는 바쁜 척하는 것 같다. (pretend to ~하는 척하다)

In my _____, I think _____.

2 내 의견으로는, 우리가 그 캠프에 참가할 필요가 없을 것 같다. (participate in ~에 참가하다)

In my _____, we don't have to _____.

3 내 생각으로는, 나는 그것이 별 도움이 되지 않을 것 같다. (helpful 도움이 되는)

In _____, _____.

4 내가 보기에는, 그것은 시간 낭비이다. (waste 낭비)

As I _____, it _____.

5 솔직히 말해, 거기에 일찍 가지 않았다.

_____, I didn't _____.

6 솔직히 말하자면, 나는 그를 돌보고 싶지 않다. (take care of ~를 돌보다)

_____.

7 내가 보기에는, 그는 너무 까다롭다. (picky 까다로운)

_____.

8 사실을 말하자면, 나는 종종 일회용품을 사용한다. (disposable products 일회용품)

_____.

9 내가 보기에는, 우리 가족은 에너지를 절약하지 않는다. (save 절약하다)

_____.

10 내 생각에, 나는 사고방식을 바꿔야 할 필요가 있다. (way of thinking 사고방식)

_____.

 한 가지 주제를 정하여 그에 대한 자신의 생각이나 의견을 일기로 써보세요.

Chapter 07

079 라디오를 켜 놓은 채 잠이 들었다. with 분사구문

☑ 나의 영작실력은?

❶ 그녀는 새 옷을 입고 나타났다. → _____

❷ 나는 눈을 감은 채 음악을 들었다. → _____

영어일기가 쉬워지는 영작패턴
---

221 '~한 채, ~하면서, ~하고'의 표현은 부대상황을 나타내는 구문으로 전치사 with를 사용하여 「with + 목적어 + 형용사/부사(구)/전치사(구)/현재분사/과거분사」의 형태로 나타냅니다.

나는 라디오를 켜 놓은 채 잠이 들었다. I fell asleep with the radio on.

입에 음식을 넣은 채 말하지 않으려고 노력했다.
I tried not to speak with my mouth full.

나는 창문을 열어 놓은 채 잠이 들어서 감기에 걸렸다.
I had a cold, because I fell asleep with the window open.

나는 모자를 쓰고 걷고 있었다. I was walking with my hat on.

나는 TV를 켜 놓은 채 잠이 들었다. I fell asleep with the TV turned on.

나는 손에 케이크를 든 채 넘어졌다.
I fell down with a piece of cake in my hand.

나는 벽에 등을 기댄 채 거기에 서 있었다.
I stood there with my back against the wall.

222 위 구문에서 목적어 다음에 분사가 올 경우에는 목적어와의 관계에 따라 그 형태가 달라집니다. 동사와 목적어의 관계가 능동의 관계일 때는 현재분사형(-ing), 목적어와의 관계가 수동의 관계일 때는 과거분사형을 씁니다.

그녀는 머리카락을 바람에 휘날리며 달려왔다.
She ran with her hair flapping in the breeze.

나는 조용히 앉아 있었고, 언니는 내 옆에서 뜨개질을 하였다.
I sat silently, with my sister knitting beside me.

그는 팔짱을 낀 채 나에게 말했다. He talked to me with his arms folded.

1 나는 머리가 젖은 채로 집을 나섰다. (leave home 집을 나서다, wet 젖은)

I left _____ with _____.

2 나는 문을 열어 놓고 외출을 했다. (go out 외출하다)

I went _____.

3 나는 라디오를 켜놓은 채 책을 읽었다. (on 켜 놓은)

I read _____.

4 나는 다리를 꼰 채 앉아 있었다. (cross 교차시키다)

I was _____.

5 나는 물이 끓는 냄비를 그대로 둔 채 잠이 들었다. (boil 끓다)

_____.

6 입에 음식을 담은 채로 말하는 것은 좋지 않다. (speak 말하다)

It's not _____.

7 나는 주머니에 손을 넣은 채 걸었다. (pocket 주머니)

_____.

8 나는 눈을 감은 채 음악을 들었다.

_____.

9 나는 젖은 옷을 입은 채 집에 돌아왔다. (on 입은)

_____.

10 나는 불을 켜 놓은 채 잠이 들었다.

_____.

 with를 사용하여 동시에 여러 가지 일을 했던 이야기를 일기로 써보세요.

Giving up outing

Hot, Monday, 4 August

My family was going to go to the swimming pool in an amusement park. I should have lost weight in order to wear swimming suit. In the early morning, I prepared items for swimming and other necessary things. When we were about to depart, the telephone rang. My mom answered the phone, and then she looked surprised. In my mind, I thought something bad must have happened. To my disappointment, we had to give up going there and unpack our bags. My mom went out in a hurry by taxi, leaving us to stay at home. In the end, we spent all day watching just TV with the air conditioner on.

주저앉은 나들이

우리 가족은 놀이공원에 있는 수영장에 가기로 했다. 수영복을 입으려면 살을 좀 뺐어야 했다. 아침 일찍 수영 용품과 다른 필요한 물건들을 챙겼다. 막 출발하려고 하는데 전화가 울렸다. 엄마가 전화를 받았는데 놀란 표정이셨다. 내 생각에는 뭔가 좋지 않은 일이 일어난 것이 틀림없었다. 실망스럽게도 그곳에 가는 것을 포기하고 우리는 짐을 풀어야 했다. 엄마는 우리를 집에 남겨둔 채 택시를 타고 급히 가셨다. 결국 우리는 에어컨을 켜놓고 그저 TV만 보면서 하루 종일 보냈다.

amusement park 놀이공원 | **should have + 과거분사** ~했어야 했다 | **lose weight** 살을 빼다 | **be about to** 막 ~하려고 하다 | **depart** 출발하다 | **answer the phone** 전화를 받다 | **disappointment** 실망 | **unpack** 짐을 풀다 | **in a hurry** 급히 | **leave** 남겨두다 | **with ~ on** ~를 켜놓은 채

PART II
영작을 위한 표현

080 그녀는 예뻤다. 그리고 … 문장연결어

☑ **나의 영작실력은?**

❶ 나는 게임을 다운받았다. → _____

❷ 나는 긴장되었지만 잘 해냈다. → _____

─── **영어일기가 쉬워지는 영작패턴** ───

단어와 단어, 구와 구 또는 문장과 문장을 연결시키는 문장연결어에는 and, but, however, so, therefore, thus, or 등이 있습니다.

223
and : ~와, 그리고, 그러면

그녀는 예뻤고 지적이었다. She is pretty and intelligent.
가족들과 친척들이 모두 모여 카드놀이를 했다.
My family and relatives got together and played cards.

224
but, however : 그러나

그는 몸이 약하지만 명랑하다. He is weak but cheerful.
컴퓨터는 유용하지만 때때로 문제를 일으키기도 한다.
Computers are useful; however, sometimes they cause some problems.

225
so, therefore, thus : 그래서, 그러므로

나는 머리가 아파서 약을 먹었다. I had a headache, so I took some medicine.
나는 시간이 없어서 약속을 지키지 못했다.
I had no time, so I couldn't keep my appointment.
나는 생각한다. 그러므로 나는 존재한다. I think, therefore I am.

226
or : 또는, 혹은, 아니면, 그렇지 않으면

이 일 또는 저 일로 바빴다. I was busy with one thing or another.
청소를 해라, 아니면 너는 빨래를 해야 한다.
Clean the rooms, or you will have to wash clothes.

1 나는 달리기를 잘하고 그는 수영을 잘한다. (run well 달리기를 잘하다)

  I _____, and _____.

2 나는 피아노를 치고 그는 노래를 불렀다. (sing a song 노래 부르다)

  I played _____, _____.

3 나는 거짓말을 했지만 결국 들통이 났다. (come to light 밝혀지다)

  I _____, _____.

4 나는 그를 초대하지 않았으나 그는 왔다. (invite 초대하다)

  I _____, _____.

5 나는 음악도 듣고 음악에 맞추어 춤도 추었다. (to music 음악에 맞추어)

  I _____.

6 나는 늦어서 학교로 급히 뛰어갔다. (rush into ~로 급히 뛰어가다)

  _____, _____.

7 그는 영어를 원어민처럼 말한다. 그래서 그가 부럽다. (envy 부러워하다)

  _____, _____.

8 나는 지하철에서는 책이나 신문을 읽는다. (on the subway 지하철에서)

  _____.

9 나는 우리 가족의 생일이나 기념일을 절대 잊지 않는다. (anniversary 기념일)

  _____.

10 나는 시간이 없다. 그러므로 그를 위한 선물을 준비할 수 없다. (prepare 준비하다)

  _____.

 문장연결어를 이용하여 좀 더 길어진 문장으로 일기를 써보세요.

Chapter 08

081

TV를 보다가 잠이 들었다. 시간접속사 1

☑ **나의 영작실력은?**

❶ 나는 해가 뜨기 전에 일어나야 했다. → _____

❷ 나는 물이 끓을 때까지 기다렸다. → _____

── **영어일기가 쉬워지는 영작패턴** ──

시간을 나타내는 접속사로는 when, while, before, after, till, until, since 등이 있습니다.

227
when : ~할 때, ~하면

기침이나 재채기를 할 때 가슴에 심한 통증이 있었다.
I had a terrible pain in my chest when I coughed or sneezed.
그가 사실을 말하면 나는 그를 용서할 것이다. When he tells the truth, I'll forgive him.

228
while : ~하는 동안에, ~하다가, ~하는 김에

TV를 보다가 잠이 들었다. While I was watching TV, I fell asleep.
내가 말하는 동안 그는 졸고 있었다. While I spoke to him, he was nodding off.

229
before, after : ~하기 전에, ~한 후에

나는 잠자기 전에 내일 할 일들의 목록을 점검했다.
Before I went to bed, I checked my list of things to do tomorrow.
그들이 음식을 먹은 후에 내가 설거지를 했다.
I did the dishes after they had eaten the food.

230
till, until : ~할 때까지　　　　**since : ~한 이후에, ~ 이래로**

그가 전화를 받을 때까지 나는 계속 전화를 했다.
I kept calling until he answered his phone.
나는 태어난 이후로 줄곧 대전에서 살았다. I have lived in Daejeon since I was born.

1 그가 집에 오면 우리는 함께 저녁식사를 할 것이다. (have dinner 저녁식사 하다)

When _____, we'll _____ together.

2 엄마가 들어오셨을 때 나는 영어를 공부하고 있었다. (come in 들어오다)

When _____, _____.

3 나는 사과를 깎다가 손가락을 베었다. (peel 껍질을 벗기다)

I cut _____ while _____.

4 친척들이 오시기 전에 대청소를 했다. (clean up 대청소하다, relative 친척)

We _____ before _____.

5 나는 출발하기 전에 부모님께 절을 했다. (bow 절하다)

I bowed _____.

6 엄마가 떠난 후에 동생이 도착했다.

After _____, _____.

7 그는 개가 죽은 이후로 우울해 한다. (depressed 우울한)

He has been _____.

8 나는 엄마가 집에 오셔야 외출할 수 있다.

_____.

9 콘서트가 끝날 때까지 그가 나타나지 않았다. (appear 나타나다)

_____.

10 시간이 있으면 나는 시내를 돌아다닌다. (hang around 배회하다)

_____.

 어떤 일을 하는 도중에 다른 일이 일어났던 경험을 일기로 써보세요.

082 외출할 때마다 카메라를 가지고 간다. 시간접속사 2

☑ **나의 영작실력은?**

❶ 그는 그 소식을 듣자마자 창백해졌다. → _____

❷ 나는 말을 할 때마다 목이 아팠다. → _____

── **영어일기가 쉬워지는 영작패턴** ──

231 '~하자마자'의 표현은 「as soon as + 주어 + 동사」 또는 on -ing 구문으로 나타낼 수 있습니다.

내가 버스 정류장에 도착하자마자 버스가 왔다.
As soon as I got to the bus stop, the bus came.

그곳에 도착하자마자 나는 가족에게 전화를 했다.
On arriving there, I called my family.

야영지에 도착하자마자 우리는 텐트를 쳤다.
As soon as we arrived at the campsite, we pitched our tents.

집에 들어가자마자 개가 나에게 달려왔다.
As soon as I got home, my dog ran to me.

그는 나를 보자마자 숨었다. **On** seeing me, he hid.

232 '~할 때마다'는 「whenever, everytime, each time + 주어 + 동사」 구문으로 표현하거나 '~하면 반드시 …하다'의 의미인 never ~ without -ing 구문으로 나타낼 수 있습니다.

나는 외출할 때마다 카메라를 가지고 간다.
I take my camera with me **whenever** I go out.

나는 동생과 만나기만 하면 싸운다.
Whenever my younger brother and I meet, we quarrel.
= My younger brother and I **never** meet **without** quarreling.

비가 올 때마다 나는 우울해진다. **Everytime** it rains, I get depressed.

그는 누군가 그의 도움을 필요로 할 때마다 항상 도와준다.
He helps people **whenever** someone needs his help.

1 나는 실수를 할 때마다 후회를 한다. (regret 후회하다)

I regret _____.

2 그는 내가 문제가 있을 때마다 나에게 조언을 해주었다. (advise 조언하다)

He advised me _____.

3 그는 우리가 거기에 갈 때마다 맛있는 음식을 준다. (delicious 맛있는)

He gives _____.

4 나는 집에 오자마자 이메일을 확인했다. (check 확인하다)

On _____, I _____.

5 나는 그의 이메일을 받자마자 답장을 했다. (reply 답장하다, receive 받다)

I _____.

6 나의 개는 나를 볼 때마다 꼬리를 흔든다. (wag 흔들다, tail 꼬리)

My dog _____.

7 나는 설거지를 할 때마다 꼭 접시를 하나씩 깬다. (wash the dishes 설거지하다)

I never _____.

8 나는 용돈을 받을 때마다 그 돈을 저축한다. (allowance 용돈)

_____.

9 나는 베개에 눕자마자 잠이 들었다. (hit the pillow 베개에 눕다)

_____.

10 내가 그 이야기를 하자마자 그는 웃었다.

_____.

 무슨 일을 할 때마다 생기는 징크스가 있나요? 그에 대한 이야기를 일기로 써보세요.

083 아파서 갈 수가 없었다. 원인접속사

☑ **나의 영작실력은?**

❶ 그는 최선을 다했기 때문에 성공했다. → _____

❷ 비가 또 와서 나는 그냥 집에 있어야 했다.

    → _____

영어일기가 **쉬워지는 영작패턴**

233   원인을 나타내는 표현이 명사(구)일 경우는 「because of/owing to/on account of + 명사(구)」의 형태로 '~ 때문에 …하다'를 나타내며,「thanks to + 명사(구)」는 '~ 덕분에'라는 의미로 결과에 도움이 되었을 경우에 사용합니다.

> 머리가 아파서 나는 거기에 갈 수가 없었다.
> I couldn't go there **because of** a headache.
> 날씨 때문에 마음이 우울했다. I felt depressed **because of** the weather.
> 고민 때문에 잠을 잘 잘 수가 없었다. I couldn't sleep well **owing to** my agony.

234   원인의 내용이 '~가 …했기 때문에 ―했다'의 형식으로 주어와 동사가 포함된 절이 올 경우는 「because/since/as/now that/for + 주어 + 동사」를 써서 표현합니다. because는 직접적인 원인을 나타낼 때, since와 as는 간접적인 원인이나 because 보다 의미가 약한 이유를 나타낼 때 사용되며, now that은 '~이므로, ~인 이상'의 의미입니다. for는 뒤에 「주어 + 동사」가 오면 접속사로 쓰이는데 주로 부가적으로 이유를 설명할 때 '~다, 왜냐하면 …이기 때문이다'의 의미로 사용되며 주절 뒤에 씁니다.

> 그는 책임감이 없기 때문에 나는 그를 싫어한다.
> I don't like him **because** he isn't responsible.
> 이제 숙제도 다 끝냈으므로 잠을 잘 수 있다.
> **Now that** I have finished my homework, I can go to bed.
> 너무 서두르다가 숙제 가지고 오는 것을 잊었다.
> **Since** I was in such a hurry, I forgot to bring my homework.
> 나는 커피를 마시지 않는다. 왜냐하면 밤에 잠이 오지 않기 때문이다.
> I don't drink coffee, **for** it keeps me awake at night.

1 설사 때문에 나는 그 모임에 참석하지 못했다. (attend 참석하다, diarrhea 설사)

I couldn't _____.

2 선생님들 덕분에 나는 시험에 합격했다고 생각했다. (pass 합격하다)

I thought I passed _____.

3 그것은 내 부주의 때문이었다. (carelessness 부주의)

It was _____.

4 그가 화가 난 것은 내가 말대꾸를 했기 때문이다. (talk back to ~에게 말대꾸하다)

He got _____.

5 너무 어처구니없는 일이어서 참을 수가 없었다. (bear 참다, ridiculous 어처구니없는)

I couldn't _____.

6 어젯밤에 늦게까지 공부를 해서 일찍 일어날 수가 없었다. (till late 늦게까지)

As _____, I _____.

7 어두워지고 있어서 우리는 집으로 돌아왔다. (get dark 어두워지다)

Since _____, we _____.

8 나는 감기에 걸린 것이 틀림없다. 왜냐하면 기침이 나기 때문이다.

_____, _____.

9 우리는 밖으로 나갈 수 없다. 왜냐하면 비가 오기 때문이다.

_____.

10 이제 시험이 끝났으니 좀 쉴 수 있다. (relax 쉬다)

_____.

 무엇이 원인이 되어 어떤 일이 일어났는지에 대해 일기를 써보세요.

084 비록 키는 작지만 똑똑하다. 양보접속사

☑ **나의 영작실력은?**

❶ 나는 피곤하기는 했지만 즐거웠다. → _____

❷ 우리 아버지는 자가용이 있지만 지하철을 타고 출근하신다.

→ _____

영어일기가 쉬워지는 영작패턴

235 '비록 ~일지라도, 비록 ~이지만, ~임에도 불구하고'를 나타내는 표현은 「though/ although/even though/even if + 주어 + 동사」 구문으로 나타낼 수 있습니다.

> 내 동생은 비록 키는 작지만 똑똑하다.
> **Though** my brother is short, he is clever.

> 비록 비싸기는 하지만 나는 그것을 사야 했다.
> **Though** it was expensive, I had to buy it.

> 힘들기는 했지만 나는 멈출 수 없었다.
> I couldn't stop **even though** it was hard.

> 그는 비록 어리기는 하지만 인내심이 있다.
> **Though** he is young, he is patient.

> 바깥 날씨가 화창했지만 산책할 시간이 없었다.
> **Even though** it was beautiful outside, I had no time to take a walk.

> 내일 비가 오더라도 하이킹을 갈 것이다.
> **Even if** it rains tomorrow, I will go hiking.

> 비록 내가 약해 보일지라도 나는 건강하다.
> **Even though** I look weak, I am healthy.

236 「notwithstanding/in spite of/despite + 명사」 구문은 '~임에도 불구하고'의 의미로 그 뒤에는 명사가 옵니다. nevertheless, nonetheless, yet은 '그럼에도 불구하고'의 의미로 단독으로 쓰입니다.

> 그는 어린나이에도 불구하고 어려운 상황을 극복해냈다.
> **Despite** his young age, he overcame his difficult situation.

> 그녀는 매우 바빴다. 그럼에도 불구하고, 그녀는 그 문제를 해결했다.
> She was very busy; **nevertheless**, she solved the problem.

1 그는 어리지만 아주 분별력이 있다. (sensible 분별력이 있는)

Though _____, _____.

2 나는 비록 돈은 없지만 그를 돕고 싶다.

Although _____, _____.

3 그는 최고는 아니지만 좋은 학생이다. (the best 최고)

He is a _____ even though _____.

4 우리는 비록 멀리 떨어져 살지만 여전히 좋은 친구이다. (far apart 멀리 떨어져, still 여전히)

_____, we _____.

5 나는 그림을 잘 그리지 못하지만 그림 그리기를 좋아한다. (paint 그림 그리다)

_____ though _____.

6 멋진 외모에도 불구하고 그 가수는 인기가 없다. (appearance 외모)

_____.

7 햇빛이 나는데도 비가 내렸다. (shine 빛나다)

_____.

8 우리는 비록 가난하다. 그럼에도 불구하고 언제나 행복하다.

_____.

9 나는 매우 아팠지만 울지 않았다.

_____.

10 나는 치통이 있었지만 병원에 가지 않았다.

_____.

 비록 어떠했지만 그와 반대되는 상황이 되었던 이야기를 일기로 써보세요.

Chapter 08

085 그가 나를 사랑하는 한 나는 행복하다. 조건접속사

☑ 나의 영작실력은?

❶ 그가 먼저 이리로 오지 않으면 내가 거기로 가겠다.

→ _____

❷ 내가 당신을 사랑하는 한 당신이 누구든, 어디 출신이든, 무엇을 했든 상관없다.

→ _____

영어일기가 쉬워지는 영작패턴

조건을 나타내는 접속사로는 if, unless, only if, as long as, in case 등이 있는데, 이 접속사 뒤에는 주어와 동사가 옵니다.

237 if ~이면, ~하면 | only if ~할 때만 | unless ~하지 않는다면, ~하지 않는 한

그가 나를 도와주면 나는 그것을 더 빨리 끝낼 수 있을 것이다.
If he helps me, I will be able to finish it sooner.

별 다른 문제가 없는 한 나는 계획을 바꾸지 않을 것이다.
I won't change my plans unless there is a big problem.

다시 복습을 하지 않으면 그것은 그리 도움이 되지 않는다.
It is not so helpful unless I review it again.

238 as long as, as far as ~하는 한, ~하는 이상은, ~하는 만큼 | in case ~의 경우에는, ~의 경우를 대비하여

그가 나를 사랑하는 한 나는 행복하다. I am happy as long as he loves me.

그는 내가 원하는 만큼 놀도록 허용했다.
He allowed me to play as long as I want to.

그가 살아 있는 한 나는 그 일을 절대 하지 않을 것이다.
I will never do the work as long as he lives.

그가 그렇게 생각하는 한 나는 그에게 진실을 말하지 않을 것이다.
I won't tell the truth as long as he thinks so.

내가 아는 한 그는 나를 실망시키지 않을 것이다.
As far as I know, he will not disappoint me.

비가 올 경우를 대비해서 우산을 가져왔다.
In case it rains, I brought an umbrella with me.

1 너무 많이 먹으면 졸릴 것이다. (sleepy 졸린)

If _____, I will _____.

2 내가 거기에 가지 않는 한 그를 만나지 못할 것이다.

Unless _____, _____.

3 비가 오지 않는 한 나는 꼭 거기에 갈 것이다. (for sure 꼭, 확실히)

_____.

4 나는 그 책이 재미있으면 읽을 것이다.

_____, _____.

5 내가 기억하는 한 그는 모두와 잘 지냈다. (get along with ~와 잘 지내다)

He _____ as _____.

6 내가 할 수 있는 한 계속 불만을 토로했다. (keep -ing 계속 ~하다, complain 불평하다)

I kept _____.

7 바람이 불지 않는 한 우리는 배드민턴을 칠 수 있다. (badminton 배드민턴)

As _____.

8 내가 아는 한 그는 정직한 사람이 아니다.

As _____, _____.

9 길을 잃을 경우를 대비해 지도를 가지고 갈 것이다. (lose one's way 길을 잃다)

_____.

10 내가 규칙적으로 운동을 하는 한 건강을 지킬 수 있다. (regularly 규칙적으로)

_____.

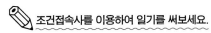 조건접속사를 이용하여 일기를 써보세요.

Chapter 08

086 하라는 대로 했다. ~하는 대로

❶ 나는 그대로 하고 싶지 않았다. → _____

❷ 나는 그 이야기를 들은 그대로 이야기했다.

→ _____

영어일기가 쉬워지는 영작패턴

239 '~처럼'의 의미인 '~대로'라는 표현은 「like + 명사」를 사용하여 나타낼 수 있는데, like this(이대로, 이렇게), like that(그대로, 그렇게)과 같이 표현됩니다. 또한 this way(이런 식으로, 이대로), that way(그런 식으로, 그대로), his way(그의 방식으로)와 같은 방식으로도 나타냅니다.

나는 이대로 쓰기 싫다. I don't like to write like this.
나는 그가 그렇게 행동하면 안 된다고 생각한다. I think he shouldn't act like that.
나는 이런 식으로 할 것이다. I will do it this way.

240 '~가 …하는 대로, ~가 …하는 것처럼'은 「as + 주어 + 동사」 구문으로 표현할 수 있습니다. 조금 다른 경우이지만, 「as soon as + 주어 + 동사」도 '~하는 대로 곧'의 의미를 나타내는데, 이는 '~한 행동을 하자마자 곧'의 의미입니다.

나는 그가 명령하는 대로 행동해야 했다. I had to behave as he ordered.
나는 엄마가 하라는 대로 했다. I did as my mom asked me to do.
나는 그것을 그대로 두는 게 더 좋다. I like it better as it is.
로마에서는 로마인들이 하는 대로 하라. When in Rome, do as the Romans do.
우리는 부모님들이 우리를 사랑하는 대로 부모님을 사랑해야 한다.
We should love our parents just as they love us.
나는 그 책을 그대로 두었다. I left the book as it was.
나는 요리법에 쓰인 대로 따랐다. I followed the recipe as it was written.
나는 수업이 끝나는 대로 집에 왔다.
I went home as soon as the class ended.

1 나는 그런 식으로 공부하고 싶지 않다. (that way 그런 식으로)

I don't _____.

2 나는 형이 시키는 대로 한다. (tell 말하다, 시키다)

I _____ as _____.

3 그는 언제나 그가 좋을 대로 말한다.

He always _____.

4 나는 옷을 갈아입는 대로 외출할 것이다. (change one's clothes 옷을 갈아입다)

I will _____.

5 나는 내 일이 끝나는 대로 잠자리에 들 것이다.

I will _____.

6 나는 그의 이메일을 받는 대로 그에게 전화해야 했다.

_____.

7 나는 모든 것을 내 맘대로 선택하고 싶다. (choose 선택하다)

_____.

8 예보된 대로 날씨가 아주 좋았다. (forecast 예보하다)

_____.

9 눈사람이 녹지 않고 그대로 있으면 좋겠다. (snowman 눈사람, melt 녹다)

I hope _____.

10 나는 그 돈을 내 마음대로 쓰고 싶다. (spend 쓰다)

_____.

 누가 하는 대로 따라해 본 적이 있었나요? 그렇게 해서 어떤 일이 생겼는지에 대해서 일기를 써보세요.

Chapter 08

087 나를 아이처럼 취급한다. 마치 ~인 것처럼

❶ 그는 나에게 마치 우리 아버지처럼 이야기한다.

→ _____

❷ 그는 휴식이 조금 필요한 듯 보였다. → _____

── 영어일기가 쉬워지는 영작패턴 ──

241 실제와는 다르지만 '마치 ~처럼, 마치 ~였던 것처럼'의 상황을 나타내는 경우에는 as if나 as though 다음에 가정법동사를 써서 표현합니다.

- **as if/though + 주어 + 동사과거형(가정법과거)** : 동사의 과거형을 써서 '마치 ~인 것처럼'의 의미를 나타냅니다.
- **as if/though + 주어 + had + 과거분사(가정법과거완료)** : 과거사실과 반대되는 경우를 나타내며 '마치 ~였던/했던 것처럼'의 의미입니다.

그는 나를 마치 아이처럼 취급한다. He treats me **as if** I were a child.
나는 마치 그것에 대해 모든 것을 아는 것처럼 말했다.
I talked **as though** I knew all about it.
나는 거기에 가본 적이 있는 것처럼 말했다. I talked **as if** I had been there.
나는 아무 일도 없었다는 듯이 행동했다. I behaved **as if** nothing had happened.

242 지각동사 feel, look, sound, smell, taste 뒤에 like, as if, as though를 써서 '마치 ~처럼 느끼다/보이다/들리다/냄새가 나다/맛이 나다'의 의미를 표현할 수 있습니다.

세상을 다 얻은 듯한 기분이었다. I **felt like** I was on top of the world.
갑자기 마치 머리가 뱅뱅 도는 것 같았다.
I suddenly **felt as if** my head were spinning.
마치 비가 올 것처럼 보였다. It **looked like** it would rain.
마치 눈에 뭐가 들어간 것 같았다. I **felt as if** there were something in my eyes.

1 그는 마치 자기가 영화배우인 것처럼 행동한다. (behave 행동하다)

He _____ as though _____.

2 그는 마치 그 영화를 본 것처럼 말한다.

He _____.

3 나는 마치 꿈꾸는 듯한 기분이었다. (be in a dream 꿈꾸고 있다)

I felt _____.

4 그는 어젯밤에 잠을 잘 못 잔 것처럼 보였다. (last night 어젯밤에)

He looked _____.

5 나는 곧 쓰러질 것 같은 기분이 들었다. (faint 쓰러지다)

I felt _____.

6 누군가 울고 있는 것처럼 들렸다.

It sounded _____.

7 그는 항상 건강에 대해서 의사인 것처럼 말한다.

He always _____.

8 그는 다리를 다친 것처럼 보였다. (hurt 다치다)

_____.

9 그는 매우 당황한 것처럼 보였다. (embarrassed 당황한)

_____.

10 그는 마치 유럽에 가본 것처럼 말했다. (Europe 유럽)

_____.

 사실은 그렇지 않은데 그런 것처럼 행동해 본 경험에 대해 일기로 써보세요.

Chapter 08

088 축구뿐 아니라 농구도 할 수 있다. 연결어 1

☑ **나의 영작실력은?**

❶ 그 프로그램은 재미있을뿐 아니라 교육적이기도 하다.

→ _____

❷ 나는 머리가 아팠다. 게다가 할일도 너무 많았다.

→ _____

영어일기가 쉬워지는 영작패턴

243 'A뿐 아니라 B도'의 표현은 not only A but also B 또는 B as well as A 구문으로 나타낼 수 있습니다.

나는 축구뿐 아니라 농구도 할 수 있다.
I can play basketball **as well as** soccer. = I can play **not only** soccer **but also** basketball.

그는 친절할뿐 아니라 부지런하기도 하다.
He is diligent **as well as** kind. = He is **not only** kind **but also** diligent.

나는 영어뿐만 아니라 불어도 할 수 있다.
I can speak French **as well as** English. = I can speak **not only** English **but also** French.

나는 스티븐뿐 아니라 메리도 파티에 초대할 것이다.
I will invite Mary **as well as** Steven. = I will invite **not only** Steven **but also** Mary.

244 '게다가, 더구나, 또한'은 in addition, additionally, moreover, futhermore, besides, what is more, also, too, as well 등을 사용하여 표현합니다.

그는 못생겼다. 게다가 다정하지도 않다. He is ugly. **In addition**, he is not friendly.

배가 몹시 고팠다. 게다가 졸리기까지 했다.
I was very hungry, and **moreover**, I was sleepy.

오늘은 점심도 못 먹었고, 게다가 저녁은 건너뛰었다.
I didn't eat any lunch and skipped dinner **also**.

안에서 새는 바가지 밖에서도 샌다.
One who is extravagant at home is extravagant outside **as well**.

1 나는 소설뿐 아니라 시에도 흥미가 있다. (be interested in ~에 흥미가 있다)

I am _____ poems _____.

2 오늘은 매우 더웠고 게다가 비까지 왔다.

Today was _____, and _____.

3 나는 노래뿐 아니라 춤도 잘 춘다. (be good at ~을 잘하다)

I am _____ as well _____.

4 우리 엄마는 친절할뿐 아니라 관대하기도 하다. (generous 관대한)

My mom _____.

5 수영은 어린이들에게뿐 아니라 성인들에게도 좋은 스포츠이다. (adult 성인)

Swimming is a _____.

6 그는 예의가 바를뿐 아니라 사려도 깊다. (considerate 사려가 깊은)

He is _____.

7 그녀는 참 예쁘다. 게다가 마음도 따뜻하다. (warm-hearted 마음이 따뜻한)

She _____.

8 나는 그의 외모가 싫은데다가 그의 성격도 싫다. (appearance 외모, personality 성격)

_____.

9 부모님께서 나에게 신발도 사주시고 게다가 맛있는 음식도 사주셨다.

My parents _____.

10 시간도 많이 걸렸고, 게다가 비용도 많이 들었다.

_____.

 한 가지뿐 아니라 다른 어떤 것이 관계되어 있는 경우를 일기로 써보세요.

Chapter 08

089 동생과는 달리 활발하다. 연결어 2

☑ **나의 영작실력은?**

❶ 나는 아프기는커녕 그와 반대로 최상의 컨디션이었다.

→ _____

❷ 나도 그와 마찬가지로 공부하는 것을 싫어한다.

→ _____

영어일기가 쉬워지는 영작패턴

245 앞 문장과 대조적인 의미를 나열하고자 할 때, 즉 '반면에, 대조적으로, 그와는 달리'의 의미를 나타낼 경우에는 on the other hand(반면에), in contrast, on the contrary(대조적으로, 그와는 반대로), unlike(~와는 달리), instead(그 대신에) 등을 사용하고, '~ 대신에'는 「instead of + 명사」 구문으로 표현합니다.

나는 동생과는 달리 활발하다. I am active unlike my brother.

나는 책 읽기를 싫어한다. 반면, 동생은 책 읽기를 좋아한다.
I don't like to read books. On the other hand, my younger brother does.

우리나라에서와는 다르게 미국에서는 대학의 학기가 9월에 시작한다.
Unlike in my country, the academic year of the university begins in September in America.

나는 아침에 밥을 먹지 않고 대신에 샌드위치를 먹는다.
I don't eat rice for breakfast; I eat a sandwich instead.

그는 건강하기는커녕 그와는 반대로 당뇨병으로 고생하고 있다.
He is not healthy; on the contrary, he suffers from diabetes.

246 '비슷하게, 유사하게, 마찬가지로'의 표현은 similarly, likewise, in the same way, equally를 사용하여 나타내며, '~와 마찬가지로, ~처럼'은 「like + 명사」 구문으로 표현합니다.

그들은 비슷하게 옷을 입었다. They were similarly dressed.

나도 마찬가지로 그것을 갖고 싶었다. I wanted to have it likewise.

그들은 마찬가지로 행동한다. They behave in the same way.

이 모든 약이 똑같이 효과가 좋다. All of these medicines are equally effective.

개들도 사람들과 마찬가지로 사랑을 필요로 한다. Dogs, like people, need love.

1 나는 긴장을 풀기는커녕 그와는 반대로 스트레스를 받았다. (get stressed 스트레스를 받다)

I didn't relax; on _____, _____.

2 나는 우리 엄마와는 달리 키가 작다.

I am _____.

3 나는 달리기를 잘하는 반면 수영을 잘 못한다.

I run well. _____, _____.

4 우리 가족과는 다르게 그들은 생일파티를 하지 않는다.

_____, they don't _____.

5 나는 우산을 가져가지 않고 대신에 우비를 입었다. (raincoat 우비)

I _____. _____.

6 그녀는 명랑하지는 않다. 하지만 그와는 반대로 외향적이다. (cheerful 명랑한)

She _____; _____.

7 나도 마찬가지로 그를 따라가고 싶었다. (follow 따라가다)

_____.

8 그들은 비슷하게 생각한다.

_____.

9 그들은 똑같이 과학을 잘한다.

_____.

10 나도 내 친구들과 마찬가지로 큰 희망을 가지고 있다.

_____.

 무엇과 비슷하거나 다른 경우가 있었나요? 그 이야기를 일기로 써보세요.

Chapter 08

090 다시 말하면, 나는 천재가 아니다. 연결어 3

☑ 나의 영작실력은?

❶ 그는 매우 보수적이다. 예를 들면 그는 절대 새로운 유행을 따르지 않는다.

→ _____

❷ 나는 공책, 필통, 자 등과 같은 문구용품이 필요했다.

→ _____

영어일기가 쉬워지는 영작패턴

247 '가령, 예를 들면'의 표현은 for example, for instance로 나타내며, such as ~는 '예를 들어 ~와 같은'의 의미를 표현합니다. '등등'은 and so on, and so forth, etc.로 나타낼 수 있습니다.

그녀는 우아한 것들을 좋아한다. 예를 들어 꽃은 백합, 목련과 같은 것을 좋아한다.
She likes elegant things. For example, she likes flowers such as lilies and magnolias.

우리 할머니는 건강보조식품을 좋아한다. 예를 들면 식사 후에 꼭 비타민제를 드신다.
My grandmother likes dietary supplements. For instance, she always takes a Vitamin C tablet after meals.

나는 냅킨과 식탁보, 앞치마 같은 것들을 만들었다.
I made items such as napkins, tablecloths and aprons.

나는 휴대폰을 이용하여 게임이나 스케줄 관리 등과 같은 많은 일들을 한다.
By using my cell phone, I do many things such as playing games, making my schedule and so on.

248 '즉, 다시 말하면'은 in other words, that is, so to speak을 사용하여 표현합니다.

나는 모든 문제를 다 풀 수는 없다. 다시 말하면, 나는 천재가 아니다.
I can't solve all the questions, that is, I am not a genius.

그는 자기 의견을 말하지 않는다. 다시 말하면, 그는 자신을 표현하지 않는다.
He doesn't speak his opinions, in other words, he doesn't express himself.

그는 나에게 사실이 아닌 말들을 많이 한다. 다시 말하자면, 그는 사기꾼이다.
He tells me a lot of untrue things, so to speak, he is a kidder.

1 나는 매우 활기차다. 예를 들면 거의 모든 야외활동을 좋아한다. (outdoor activity 야외활동)

I am very active. _____, _____.

2 그는 참 이기적이다. 예를 들면 그는 남 돕는 것을 좋아하지 않는다. (selfish 이기적인)

He is really _____. _____, _____.

3 나는 양파, 당근 등과 같은 야채를 싫어한다. (vegetable 야채, onion 양파)

I don't like _____.

4 호랑이, 사자 같은 야생동물들을 볼 수 있었다. (wild animal 야생동물)

I could watch _____.

5 나는 침묵을 지켰다. 다시 말해, 아무 말도 하고 싶지 않았다. (keep silent 침묵을 지키다)

I kept _____. _____, _____.

6 나는 귀머거리처럼 행동했다. 다시 말해, 아무 말도 듣고 싶지 않았다. (deaf 귀머거리의)

I acted as if _____. _____.

7 나는 연구원 같은 직업을 갖고 싶다. (researcher 연구원)

I _____.

8 나는 짧은 반바지나 민소매 셔츠 같은 옷들은 입지 않는다. (shorts 짧은 반바지)

_____.

9 나는 가수나 배우 같은 연예인이 되고 싶다. (entertainer 연예인)

_____.

10 나는 금성이나 화성 같은 별에 대해서 공부하고 싶다. (Venus 금성, Mars 화성)

_____.

 예를 들어 가면서 말할 수 있는 주변의 이야기를 일기로 써보세요.

Chapter 08

모범일기 10

My neighbor
Cloudy, Saturday, 2 January

My family moved to this new house two months ago. The family next door helped us very much. They gave us some information about other neighbors and helpful telephone numbers as soon as we moved in. After finishing arranging our household and furniture, we invited them to dinner. I told them I was thankful for their kindness. We got to be good friends soon. When we need some help, we help one another. Now we see one another as if we were family. I think a good neighbor is better than a distant brother. I hope to continue getting along with them.

우리 이웃

우리 가족은 두 달 전에 이 새 집으로 이사를 했다. 우리 옆집에 사는 가족이 우리를 매우 많이 도와주었다. 그들은 우리가 이사 오자마자 다른 이웃에 대한 정보와 도움이 될 만한 전화번호들을 알려주었다. 우리 살림살이와 가구들의 정리가 끝난 후에, 우리는 그들을 저녁식사에 초대했다. 나는 그들에게 친절에 감사드린다고 이야기했다. 우리는 곧 좋은 친구가 되었다. 우리는 도움이 필요하면 서로 도와준다. 이제는 마치 가족인 것처럼 서로 만난다. 나는 먼 친척보다 좋은 이웃이 낫다고 생각한다. 나는 그들과 계속 잘 지내기를 바란다.

next door 옆집에 사는 | **information** 정보 | **neighbor** 이웃 | **as soon as** ~하자마자 | **arrange** 정리하다 | **household** 살림 | **be thankful for** ~에 감사하다 | **one another** 서로 | **as if** ~ 마치 ~인 것처럼 | **distant** 먼

PART II
영작을 위한 표현

091 그는 나를 자주 도와주시는 선생님이다. 주격 관계대명사

☑ 나의 영작실력은?

❶ 나는 영어를 아주 잘하시는 그 선생님을 좋아한다.

→ _____

❷ 그는 남을 도와주는 자원봉사자이다. → _____

── 영어일기가 쉬워지는 **영작패턴** ──

249 관계대명사는 접속사와 대명사를 대신하여 문장을 연결해 주는 역할을 하는 것으로 이를 사용하여 두 문장을 한 문장으로 만들 수 있습니다. 관계대명사는 다음의 표처럼 선행사에 따라 다르게 사용됩니다.

선행사	주격	소유격	목적격
사람	who	whose	whom
동물/사물	which	whose, of which	which
사람/동물/사물	that	–	that
–	what	–	what

관계대명사 만드는 법 : He is a teacher. / He often helps me.

위 두 문장을 관계대명사를 이용하여 한 문장으로 만들어봅시다. 첫 문장의 a teacher와 두 번째 문장의 He는 같은 사람입니다. 두 번째 문장의 He가 주어의 역할을 하고, 선행사가 사람이므로 주격 관계대명사 who를 사용하여 다음처럼 바꾸어 쓰면 됩니다.

→ He is a teacher who often helps me. 그는 나를 자주 도와주시는 선생님이다.

250 관계대명사가 자신이 이끄는 관계대명사절 속에서 주어의 역할을 하는 경우, 이를 주격 관계대명사라 합니다. 주격 관계대명사 다음에는 동사가 옵니다.
선행사가 사람일 경우는 who, 사물일 경우는 which나 that을 사용합니다.

그는 요리하는 것을 좋아하는 학생이다. He is a student who likes cooking.
나에게는 안경을 쓴 친구들이 많다. I have a lot of friends who wear glasses.
나는 재미있는 영어책을 원한다. I want an English book which is interesting.

1 이 아이가 나에게 길을 알려준 소년이다. (show ~ the way ~에게 길을 알려주다)

This is the _____.

2 우리는 축구를 잘하는 사람이 필요하다.

We need a _____.

3 나는 흩어져 있는 책들을 정리했다. (arrange 정리하다, scattered 흩어진)

I arranged _____.

4 나는 신 맛이 나는 과일을 싫어한다. (taste ~한 맛이 나다, sour 신)

I don't _____.

5 그는 여행할 때 매우 편리한 자동차를 가지고 있다. (convenient 편리한)

He has a car _____ for travel.

6 나는 그 전화를 받은 사람을 모른다. (answer the phone 전화를 받다)

I don't _____.

7 그가 그 지갑을 훔친 소년이다. (steal 훔치다)

He is _____.

8 나는 남을 못살게 구는 사람들을 이해하지 못하겠다. (bully 못살게 굴다)

_____.

9 그는 법 없이도 살 수 있는 사람이다. (law 법)

_____.

10 나는 대학을 다니고 있는 사촌이 부럽다. (envy 부러워하다)

_____.

Chapter 09

 관계대명사를 이용하여 두 문장을 한 문장으로 만드는 연습을 하면서 그 문장들로 이야기를 꾸며보세요.

꼬리가 긴 고양이를 기르고 있다. 소유격 관계대명사

☑ 나의 영작실력은?

❶ 부모님이 돌아가신 아이들이 많았다. → _____

❷ 나는 지퍼가 고장난 점퍼를 입고 있었다. → _____

영어일기가 쉬워지는 영작패턴

251 I have a son. His name is Kevin. 이 두 문장을 관계대명사를 사용하여 한 문장, 즉 '나는 그의 이름이 케빈인 아들이 있다.'로 바꿀 때는 소유격 관계대명사 whose 를 사용하여 I have a son whose name is Kevin.으로 바꿀 수 있습니다. His name은 my son's name이므로 소유격을 이용하여 문장을 연결해야 하며, 이 때 whose 다음에는 반드시 명사가 뒤따릅니다.

나는 꼬리가 긴 고양이를 기르고 있다.
I raise a cat. / Its tail is long. → I raise a cat whose tail is long.

집이 우리 아파트 근처에 있는 그는 외식하는 것을 좋아한다.
He likes to eat out. His house is near my apartment.
→ He whose house is near my apartment likes to eat out.

나는 아버지가 선생님인 한 소년을 만났다.
I met a boy. His dad was a teacher. → I met a boy whose dad was a teacher.

252 선행사가 사람이 아닐 때는 whose 대신 of which를 씁니다.

그 지붕이 파란 집이 우리 집이다.
The house of which the roof is blue is my house.

정상이 눈으로 덮인 그 산은 한라산이다.
The mountain of which the top is covered with snow is Mt. Halla.

1 나는 수업이 매우 재미있는 선생님을 좋아한다.

I like a teacher _____.

2 나는 다리가 매우 짧은 강아지를 기르고 싶다. (raise 기르다)

I want to _____.

3 나는 아버지가 의사인 남자를 만났다.

I met _____.

4 나는 가족이 대가족인 사람이 좋다.

_____ is large.

5 나는 실수가 아주 심각했던 그 사람을 알고 있다. (serious 심각한)

I know _____.

6 나는 지붕이 높은 자동차를 갖고 싶다. (roof 지붕)

I want _____.

7 나는 다리가 부러진 그 친구를 도와주었다. (broken 부러진)

_____.

8 나는 날개를 절대로 움직이지 않는 새를 보았다. (wing 날개)

_____.

9 나는 머리가 세상에서 가장 긴 여자를 보았다. (in the world 세상에서)

_____.

10 우리는 분위기가 좋은 레스토랑에 들어갔다. (ambiance 분위기)

_____.

 소유격 관계대명사를 사용한 문장들로 일기를 써보세요.

Chapter 09

093 그는 내가 어제 만났던 사람이 아니다. 목적격 관계대명사

☑ **나의 영작실력은?**

❶ 내가 어젯밤에 보았던 그 TV프로그램은 우리의 역사에 관한 것이었다.

→ _____

❷ 내가 정직하다고 믿었던 그 사람이 나를 속였다. → _____

── **영어일기**가 **쉬워지는 영작패턴** ──

253 목적격 관계대명사는 선행사가 자신이 이끄는 절의 목적어일 때 사용합니다. He is the boy. / I met him yesterday. 이 두 문장에서 the boy와 him은 같은 사람입니다. 따라서 두 번째 문장의 him을 목적격 관계대명사 whom으로 바꾸어 He is the boy whom I met yesterday.(그는 내가 어제 만났던 소년이다.)로 쓸 수 있습니다. 이때 선행사가 사람이기 때문에 관계대명사 whom을 사용하는데 whom 대신 who를 쓰기도 합니다.

그는 내가 어제 만났던 사람이 아니다.
He is not the person who(m) I met yesterday.

우리가 어제 만났던 그 선생님은 매우 다정하시다.
The teacher was very friendly. We met him yesterday.
→ The teacher whom we met yesterday was very friendly.

그는 내가 정말로 좋아하는 영어선생님이시다.
He is an English teacher. I really like him.
→ He is an English teacher whom I really like.

내가 어제 전화했던 그 사람은 나의 삼촌이다.
The man is my uncle. I called him yesterday.
→ The man whom I called yesterday is my uncle.

내가 존경하는 그 여자 분은 변호사이다.
The woman is a lawyer. I respect her.
→ The woman whom I respect is a lawyer.

254 선행사가 사물일 때 목적격 관계대명사는 which, that을 사용합니다.

우리 언니가 요리한 그 요리는 환상적이었다.
The dish was fantastic. My sister cooked the food.
→ The dish which my sister cooked was fantastic.

나는 내가 정말로 사고 싶었던 시계를 골랐다.
I chose the watch. I wanted to buy it.
→ I chose the watch that I wanted to buy.

1 내 친구가 나에게 준 우산을 잃어버렸다. (lose 잃어버리다, umbrella 우산)

I lost _____.

2 내가 어제 읽었던 그 책은 매우 웃겼다. (funny 웃기는)

The book that _____.

3 그는 우리가 존경하는 과학자 중의 한 사람이다. (respect 존경하다)

He is one of _____.

4 그는 그렇게 사랑했던 사람과 작별인사를 했다. (say goodbye 작별인사하다)

He said _____.

5 우리가 어제 방문했던 그 아이는 많이 아프다. (visit 방문하다)

The kid _____.

6 나는 엄마가 나를 위해 만들어준 가방이 좋다.

I like _____.

7 수학은 내가 가장 싫어하는 과목이다. (subject 과목)

Math _____.

8 내 친구가 말해 준 그 비밀을 나는 말하지 않을 것이다. (secret 비밀)

_____.

9 내가 공부할 필요가 있는 과목들을 공부했다.

_____.

10 나는 그에게 내가 그린 그림을 하나 주었다. (draw 그리다)

_____.

Chapter 09

 목적격 관계대명사를 사용한 문장들로 일기를 써보세요.

094 이곳은 그가 사는 집이다. 관계부사

☑ 나의 영작실력은?

❶ 나는 우리가 처음 만난 날을 기억한다. → _____

❷ 나는 그가 그렇게 화난 이유를 모르겠다. → _____

영어일기가 쉬워지는 영작패턴

255 관계부사는 접속사와 부사의 역할을 하는 것으로 선행사에 따라 다르게 쓰이며, 「전치사 + 관계대명사」로도 바꾸어 쓸 수 있습니다. 단, 관계부사 how는 the way와 함께 쓰지 않고 둘 중 하나만 씁니다.

용법	선행사	관계부사	전치사 + 관계대명사
장소	the place	where	at/on/in which
시간	the time	when	at/on/in which
이유	the reason	why	for which
방법	(the way)	how	in which

이곳은 그가 사는 집이다.
This is the house where he lives. = This is the house in which he lives.

이곳은 내가 태어난 병원이다.
This is the hospital where I was born.
= This is the hospital in which I was born.

그녀는 가게 문을 닫는 10시에 도착했다.
She arrived at 10 o'clock when the store closed.
= She arrived at 10 o'clock at which the store closed.

나는 우리가 그 박물관에 갔던 그 날을 기억한다.
I remember the day when we visited the museum.
= I remember the day on which we visited the museum.

나는 내가 늦은 이유를 그에게 말했다.
I told him the reason why I was late.
= I told him the reason for which I was late.

나는 그가 거기에 간 이유를 모르겠다.
I don't know the reason why he went there.
= I don't know the reason for which he went there.

나는 그가 그것을 만든 방법을 알고 있다.
I know (the way) how he made it.
= I know the way in which he made it.

1 월요일은 내가 가장 바쁜 날이다. (the busiest 가장 바쁜)

Monday _____.

2 나는 기차가 출발하는 시간을 모르고 있었다. (depart 출발하다)

I didn't know _____.

3 나는 방이 많은 집에서 살고 싶다.

I want to _____.

4 나는 내가 자란 마을에 가보고 싶다. (village 마을)

I want _____.

5 이곳이 내가 친구들과 수영하던 개울이다. (stream 개울)

This is _____.

6 아무도 그 사고가 일어난 이유를 모른다. (accident 사고)

Nobody _____.

7 나는 그가 울었던 이유를 안다.

_____.

8 내가 먼저 사과해야 할 이유가 없었다. (apologize 사과하다)

There was _____.

9 그것이 내가 그를 싫어하는 이유이다. (hate 싫어하다)

_____.

10 엄마는 나에게 김치 담그는 방법을 가르쳐주셨다. (teach 가르치다)

_____.

 관계부사가 들어간 문장으로 일기를 써보세요.

그가 말하는 것은 무엇이든 사실이다. 복합관계사 1

☑ **나의 영작실력은?**

❶ 나는 내가 좋아하는 것은 어느 것이든 선택할 수 있다.

→ _____

❷ 나는 그것을 원하는 사람은 누구에게나 줄 것이다.

→ _____

영어일기가 쉬워지는 **영작패턴**

256 관계대명사, 또는 관계부사에 ever를 붙인 형태, 즉 whoever, whichever, whatever, whenever, wherever, however는 복합관계사라고 불리는데, 이는 '~은 무엇이든'과 같은 의미를 가집니다.

복합관계대명사	whoever	anyone who ~	~는 누구든지
	whichever	any(one) that ~	~하는 어느 쪽이든지
	whatever	any(thing) that ~	~하는 것은 무엇이든지
복합관계부사	whenever	at any time when ~	~하는 언제든지
	wherever	in any place where ~	~하는 어느 곳이든지
	however	in any way how ~	~한 방법이든지

그가 말하는 것은 무엇이든 사실이다. Whatever he may say, it is true.

나는 거기에 가기를 원하는 사람은 누구든 데려갈 것이다.
I'll take whoever wants to go there.

나는 마음 내키는 대로 어디든 가고 싶었다.
I wanted to take a trip to wherever I felt like going.

이 규칙을 어기는 자는 누구나 벌을 받을 것이다.
Whoever breaks this rule will be punished.

네가 가지고 있는 것은 무엇이든지 그에게 주어라. Give him whatever you have.

나는 그가 필요로 하는 것은 무엇이든지 그에게 주었다. I gave him whatever he needed.

나는 내가 원할 때는 언제라도 그에게 전화할 수 있다. I can phone him whenever I want.

1 나는 긍정적인 사람은 누구든 좋다. (positive 긍정적인)

I like _____.

2 비가 올 때마다 꼭 우리는 튀김을 먹는다. (fried foods 튀김)

We eat _____.

3 내가 좋아하는 곳은 어디든지 가고 싶다.

I want _____.

4 나는 어디를 가든 항상 개를 데리고 다닌다.

_____, _____.

5 원하는 사람은 누구나 올 수 있다.

_____.

6 내 동생은 내가 하는 대로 따라한다. (follow 따라하다)

My brother _____.

7 나는 무슨 행동을 하든 항상 잘못한 것 같다. (seem to ~인 것 같다)

_____, _____.

8 나는 피곤할 때는 언제나 자고 싶다.

_____.

9 그는 내가 원하는 것은 무엇이든지 주었다.

_____.

10 어떤 팀이 이기든지 나에겐 별로 중요하지 않았다. (matter 중요하다)

_____, _____.

Chapter 09

 복합관계사를 이용한 문장으로 일기를 써보세요.

096 아무리 추워도 가야 한다. 복합관계사 2

☑ **나의 영작실력은?**

❶ 그가 무슨 말을 하더라도 아무도 믿지 않는다.

→ _____

❷ 아무리 덥더라도 나는 테니스를 칠 것이다. → _____

영어일기가 쉬워지는 영작패턴

257 복합관계사는 양보의 의미로 쓰여 '~하더라도, ~할지라도'를 나타내기도 하는데, 이는 no matter ~로 바꾸어 쓸 수 있습니다. however가 '아무리 ~하더라도'를 나타낼 때는 「how + 형용사/부사 + 주어 + 동사」의 어순으로도 표현됩니다.

복합관계대명사	whoever	no matter who ~	누가 ~하더라도
	whichever	no matter which ~	어느 쪽을 ~하더라도
	whatever	no matter what ~	무엇을 ~하더라도
복합관계부사	whenever	no matter when ~	언제 ~하더라도
	wherever	no matter where ~	어디에 ~하더라도
	however	no matter how ~	아무리 ~하더라도

아무리 춥더라도 거기에 가야 한다.
However cold it is, I have to go there.

내가 무엇을 선택하든 그는 신경 쓰지 않는다.
Whatever I choose, he doesn't mind it.

그가 언제 오더라도 환영받을 것이다.
Whenever he comes, he will be welcome.

내가 어느 것을 사더라도 나는 만족할 것이다.
Whichever I may buy, I will be satisfied.

그가 어디를 가든 나는 그를 따라가겠다.
Wherever he may go, I will follow him.

네가 무엇을 한다 할지라도 잘해라.
Whatever you may do, do it well.

1 어느 것을 선택한다 할지라도 내 마음에 들 것이다. (be pleased 마음에 들다)

   Whichever ＿＿＿＿＿＿＿＿＿＿＿＿＿, ＿＿＿＿＿＿＿＿＿＿＿＿＿＿＿＿＿.

2 내가 아무리 열심히 일을 해도 그는 결코 만족하지 않았다. (be satisfied 만족하다)

   However ＿＿＿＿＿＿＿＿＿＿＿＿＿, ＿＿＿＿＿＿＿＿＿＿＿＿＿＿＿＿＿.

3 아무리 부자라 할지라도 태만해서는 안 된다. (idle 태만한)

   ＿＿＿＿＿＿＿＿ rich a man may be, ＿＿＿＿＿＿＿＿＿＿＿＿＿＿＿＿＿.

4 그가 언제 오더라도 그를 보면 나는 반갑다.

   ＿＿＿＿＿＿＿＿＿＿＿＿＿, I'm ＿＿＿＿＿＿＿＿＿＿＿＿＿＿＿.

5 그가 어디로 가든 나는 상관하지 않는다. (care 상관하다)

   ＿＿＿＿＿＿＿＿＿＿＿＿＿, ＿＿＿＿＿＿＿＿＿＿＿＿＿＿＿＿＿.

6 그가 어디에 있든지 나는 그를 찾을 것이다.

   ＿＿＿＿＿＿＿＿＿＿＿＿＿＿＿＿＿＿＿＿＿＿＿＿＿＿＿＿＿＿＿.

7 아이들이 아무리 나이가 들어도 부모들은 그들을 걱정한다.

   Parents ＿＿＿＿＿＿＿＿＿＿＿＿＿＿＿＿＿＿＿＿＿＿＿＿＿＿＿.

8 우리가 아무리 열심히 노력한다 하더라도 영어를 한 달에 습득할 수는 없다.

   ＿＿＿＿＿＿＿＿＿＿＿＿＿＿＿＿＿＿＿＿＿＿＿＿＿＿＿＿＿＿＿.

9 무슨 일이 있든 나는 그것을 하겠다.

   ＿＿＿＿＿＿＿＿＿＿＿＿＿＿＿＿＿＿＿＿＿＿＿＿＿＿＿＿＿＿＿.

10 그 결과가 어떻게 되든 나는 최선을 다할 것이다. (result 결과)

   ＿＿＿＿＿＿＿＿＿＿＿＿＿＿＿＿＿＿＿＿＿＿＿＿＿＿＿＿＿＿＿.

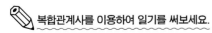 복합관계사를 이용하여 일기를 써보세요.

Chapter 09

모범일기 11

My dog

Clear, Monday, 1 November

I wanted to have a dog that I could raise indoors but my parents don't like dogs. My parents told me that they would agree to keep a dog as long as I could raise it without their help. In other words, if I can take care of the dog by myself, it's possible for me to have one. I promised to feed, walk the dog and do other things for it. Finally they bought me a nice dog, which has shining fur. I like playing with him very much. He follows me wherever I go. He eats whatever I give him. Whenever I return home, he runs to me, wagging his tail. Whenever he is sleepy, he lies beside me. I take my dog for a walk every evening at the park. When I throw a ball, he fetches it. I take care of him like a baby. Wherever I go, I want to take my dog. I really like my dog.

나의 애완견

나는 실내에서 기를 수 있는 개를 한 마리 가지고 싶었다. 그러나 우리 부모님은 개를 좋아하지 않으신다. 그들은 내가 부모님의 도움 없이 기를 수 있다면, 개를 기르는 것을 승낙하신다고 하셨다. 즉 다시 말해, 내가 혼자서 개를 보살필 수 있다면, 개를 가질 수 있었다. 나는 개에게 밥 주고, 산책시키고 그리고 개를 위한 다른 것들도 한다고 약속했다. 드디어 그들은 나에게 빛나는 털을 가진 멋진 개를 한 마리 사주셨다. 나는 그와 노는 것을 매우 좋아한다. 그 개는 내가 가는 곳마다 따라다닌다. 내가 주는 것은 무엇이든지 잘 먹는다. 내가 집에 돌아오면 나에게 꼬리를 흔들며 달려온다. 그는 졸릴 때면 언제든지 내 옆에 와서 눕는다. 나는 매일 저녁 공원에서 개를 산책시킨다. 내가 공을 던지면 그는 그것을 가져오기도 한다. 나는 그를 아기처럼 돌보고 있다. 내가 가는 곳마다 나의 개를 데리고 가고 싶다. 나는 정말 나의 개가 좋다.

raise 기르다 | **as long as** ~하는 한 | **in other words** 즉, 다시 말하면 | **take care of** ~를 돌보다 | **feed** 먹이를 주다 | **fur** 털 | **follow** 따라다니다 | **wherever** 어디를 ~하든지 | **whatever** ~는 무엇이든지 | **wag** 흔들다 | **tail** 꼬리 | **lie** 눕다 | **throw** 던지다 | **fetch** 가서 가져오다

PART II
영작을 위한 표현

097 당분간 좀 쉬고 싶다. 동사구

☑ **나의 영작실력은?**

❶ 나는 집안일 하는 것, 특히 유리창 닦는 것이 싫다.

→ _____

❷ 나는 예금하러 은행에 갔다. → _____

영어일기가 쉬워지는 영작패턴

258 영어식 표현에는 동사가 명사와 함께 쓰여 의미를 이루는 말들이 많습니다. 다음은 많이 쓰이는 표현들입니다.

---

do do one's homework 숙제하다 | do the housework 집안일을 하다 | do the laundry 빨래하다 | do the dishes 설거지하다 | do ~ a favor ~에게 호의를 베풀다 | do an exercise 연습문제를 풀다, 운동을 하다 | do one's best 최선을 다하다 | do one's shopping 쇼핑하다 | do a good job 일을 잘하다 | do good 이익이 되다 | do harm 해가 되다

make make a mistake 실수하다 | make an appointment 약속시간을 정하다 | make a phone call 전화하다 | make a bed 잠자리를 정리하다 | make a list 목록을 만들다 | make a noise 떠들다 | make money 돈 벌다 | make use of ~를 이용하다 | make a deposit 예금하다 | make a decision 결심하다 | make sense 뜻이 통하다, 말이 되다 | make a plan 계획을 세우다 | make a friend 친구를 사귀다 | make a sound 소리 내다 | make an effort 노력하다

have have fun 재미있게 놀다 | have a good time 좋은 시간을 지내다 | have a nice day 좋은 하루를 보내다 | have an accident 사고를 당하다 | have breakfast 아침식사하다 | have a party 파티를 열다 | have a game 경기를 하다 | have a try 해보다 | have a bath 목욕하다 | have a rest 휴식하다

take take a picture 사진을 찍다 | take a seat 자리에 앉다 | take a walk 산책하다 | take a rest 휴식하다 | take a shower 샤워하다 | take a trip 여행하다 | take a beeline 직행하다 | take a lesson 레슨을 받다 | take time 시간이 걸리다 | take an exam 시험을 보다 | take a nap 낮잠 자다 | take a break 휴식을 취하다 | take a pee 소변보다 | take turns 교대하다 | take a look 보다

당분간 좀 쉬고 싶다. I want to take a rest for a while.

우리 엄마가 집안일을 모두 하신다. My mom does all the housework.

나는 너무 자주 실수를 한다. I make mistakes too often.

나는 너무 피곤해서 낮잠을 잤다. Because I was too tired, I took a nap.

1 나는 엄마 대신에 설거지를 자주 한다. (instead of ~ 대신에)

I often _____.

2 우리는 소풍에서 재미있었다. (picnic 소풍)

We had _____.

3 나는 일요일에 가끔 빨래를 한다.

I sometimes _____.

4 나는 의사에게 진찰을 받기 위해 시간을 정했다.

I made _____.

5 그는 나에게 전화를 하지 않았다.

He didn't _____.

6 나는 쇼핑할 리스트를 만들었다.

_____.

7 나는 오늘 아침 잠자리를 정리하지 않았다.

_____.

8 가끔 내 동생은 시끄럽게 군다.

_____.

9 나는 계획된 대로 일이 잘 되기를 바랄 뿐이다. (as planned 계획된 대로)

_____.

10 그의 의견은 이치에 맞지 않았다.

_____.

 명사와 함께 하는 동사구를 이용하여 일기를 써보세요.

098 책을 빌려주었다. 혼동하기 쉬운 단어들

☑ **나의 영작실력은?**

❶ 우리는 전세버스로 거기에 갔다. → _____

❷ 그를 한 시간 동안 찾아서 결국에는 그를 찾았다.

→ _____

영어일기가 쉬워지는 영작패턴

259 다음은 혼동하기 쉬운 말들입니다.

> borrow 빌려오다 – lend 빌려주다 – rent 요금을 지불하고 빌리다 – charter 교통수단을 전세 내다
>
> see 시야에 들어오는 것을 보다 – watch 지켜보다 – look 주의 깊게 보다 – stare 응시하다 – glance 힐끗 보다 – observe 관찰하며 보다
>
> hear 들리는 것을 듣다 – hear from ~로부터 소식을 듣다 – listen to 귀 기울여 듣다
>
> smile 미소 지으며 웃다 – grin 씩 웃다 – laugh 소리 내어 웃다 – chuckle 킥킥 웃다 – giggle 낄낄 웃다
>
> speak 내용 전달을 위해 말하다 – talk 사적인 대화를 나누다 – say 이야기하다 – tell 말하여 알려 주다
>
> take 가지고 가다 – bring 가지고 오다 – fetch 가서 가지고 오다
>
> look for ~를 찾다 – find 찾아서 발견하다
>
> comfortable 기분이 좋은, 마음이 편안한 – convenient 시설이 편리한, 사용하기 좋은
>
> considerate 사려 깊은 – considerable 상당한
>
> childlike 천진난만한 – childish 유치한
>
> industrial 산업의 – industrious 근면한
>
> successful 성공적인 – successive 연속적인
>
> sensitive 예민한 – sensible 분별력 있는
>
> fare 차비 같은 탈것에 대한 요금 – fee 전문적인 서비스에 대한 요금 – toll 도로 등의 시설을 이용하고 내는 요금 – rate 단위당 내는 요금 – charge 서비스나 노동에 대한 요금 – cost 어떤 일을 할 때나 유지할 때 또는 물건을 살 때 드는 비용 – price 사고 팔 때의 거래 금액 – fine 벌금 – expense 지출비용 – wages 임금 – salary 봉급
>
> client 소송의뢰인, 단골 – guest 초대받은 손님 – customer 가게의 고객, 단골 – host 파티나 행사의 주최자 – passenger 교통수단의 손님
>
> cook 요리사 – cooker 요리기구

1 나는 그가 분별력이 있다고 생각한다.

I think he is _____.

2 나의 피부는 민감하다.

My _____.

3 그는 매우 근면한 일꾼이다. (worker 일꾼)

He is _____.

4 나는 한국에서 최고의 요리사가 되고 싶다. (the best 최고의)

I want _____.

5 그 연극의 입장료는 5만 원이었다.

_____ for the play _____.

6 나는 부모님께 내 미래의 계획에 대해 말씀드렸다.

_____ about my future plan.

7 그는 나를 보자 씩 웃었다. (upon -ing ~하자)

_____.

8 신용카드를 사용하는 것은 참 편리하다.

It's really _____.

9 그는 나를 흘긋 쳐다보았다.

_____.

10 파리까지의 비행기 요금이 매우 비쌌다. (air fare 비행기 요금)

_____.

 혼동하기 쉬운 단어들을 넣어 일기를 써보세요.

Chapter 10

099 애프터서비스를 받았다. 콩글리시

☑ **나의 영작실력은?**

❶ 나는 애프터서비스를 받기 위해 서비스센터에 전화를 했다.

→ _____

❷ 그 선수의 백넘버는 11번이다. → _____

영어일기가 쉬워지는 영작패턴

260 잘못 쓰이는 콩글리시의 올바른 영어 표현은 다음과 같습니다.

House & Life

apart → apartment ┃ villa → tenement ┃ vinyl house → greenhouse ┃ aircon → air-conditioner ┃ video → VCR(Video Cassette Recorder) ┃ cassette → cassette player ┃ audio → sound system ┃ flash → flashlight ┃ pinch → pliers ┃ driver → screwdriver ┃ gas-range → stove or oven ┃ mixer → blender ┃ stand → desk lamp ┃ consent → outlet ┃ missing → sewing machine ┃ inter phone → intercom ┃ after service → after-sales service ┃ A/S center → repair shop ┃ baby car → stroller ┃ morning call → wake-up call ┃ arbeit → part-time job ┃ hand phone → cellular phone, mobile phone ┃ beach parasol → beach umbrella ┃ meeting → blind date ┃ cunning → cheating ┃ health club → fitness center

Entertainment

talent → actor, entertainer ┃ home drama → soap opera ┃ gag man → comedian ┃ mass com → mass media ┃ talk show MC → talk show host(남)/hostess(여) ┃ CF model → commercial actor ┃ classic music → classical music ┃ record → album ┃ group sound → musical band ┃ amp → amplifier ┃ back dancer → background dancer ┃ music box → juke box

Food & Drinks

snack corner → snack bar ┃ egg-fry → fried-egg ┃ omelet rice → rice omelet ┃ curry rice → curry and rice ┃ coffee prim → cream ┃ potato → french fries ┃ ice coffee → iced coffee ┃ ice candy → popsicle ┃ castella → sponge cake

Stationary

pocket book → memorandum book ┃ ball-pen → ball-point pen ┃ magic → marker ┃ sharp pencil → mechanical pencil ┃ note → notebook ┃ crepas → crayon ┃ hotchkiss → stapler ┃ bond → adhesive ┃ white → whiteout

Shopping

vinyl bag → plastic bag ┃ eye shopping → window shopping ┃ D. C. → discount ┃ maker → brand-name ┃

Clothes & Shoes

combi → jacket ┃ running shirt → undershirt ┃ no sleeve → sleeveless ┃ T → T-shirt ┃ gorden → corduroy ┃ muffler → scarf ┃ walker → hiking boots ┃ panty stocking → pantyhose ┃ Y-shirt → dress shirt ┃ panty → underwear ┃ pola shirt → turtleneck ┃ burberry coat → trench coat ┃ training → sweat suit

1 나는 콘센트에 그 플러그를 꽂았다. (plug it into ~에 플러그를 꽂다)

I plugged _____.

2 우리는 오디오를 샀다.

We bought _____.

3 나는 사촌의 유모차를 밀어주었다. (wheel 수레 등을 밀다)

I wheeled _____.

4 이번 주말에 나는 미팅이 있다.

_____ this weekend.

5 나는 일주일에 두 번 헬스클럽에 간다.

_____.

6 나는 클래식음악보다 대중음악을 더 좋아한다.

_____.

7 나는 샤프를 사용하지 않는다.

_____.

8 우리 엄마는 연속극 보는 것을 매우 좋아하신다.

_____.

9 시험 볼 때 나는 커닝을 하고 싶었다.

_____.

10 나는 친구들과 아이쇼핑을 갔다.

_____.

 본인이 자주 쓰던 콩글리시를 제대로 된 영어로 바꾸어 일기를 써보세요.

Chapter 10

100 화난 것이 아니라 피곤했다. 구두점·대문자

☑ **나의 영작실력은?**

❶ 우리 엄마, 아빠는 사이가 좋으시다. → _____

❷ 나는 굽 높은 신발을 좋아하지 않는다. → _____

영어일기가 쉬워지는 영작패턴

261 구두점의 사용

, comma

- 두 개 이상의 것을 나열할 때 : I met Mary, Tom and Jennifer on my way to school.
- 접속사로 문장을 구분할 때 : He sold his tractor, and his fields went unplowed.
- 접속사로 연결된 문장이 주절 앞에 올 때 : When we had finished eating, the cigarets were passed around.
- 접속부사(However, Moreover, Therefore, In addition, Also, etc.) 뒤에 : However, I had to do it.
- 동격, 호격을 나타낼 때 : Mr. Smith, our teacher, has been hurt.
- 대조되는 사항 구분할 때 : I am tired, not angry.
- 인용된 내용을 나타낼 때 : He said, "You are definitely right."

. Period

- 문장의 마지막에 : I am a boy. ■ 줄임말 뒤에 : Mr. Kim, Feb., Tues., U. S. A.

: Colon

- 나열할 때 : We have three things: food, water and medicine.

; Semicolon

- 부가설명할 때 : I was tired; besides I had a headache.

- hyphen

- 주로 복합어에 : a self-made man

262 대문자의 사용

- 문장의 첫 글자나 인용의 첫 글자 : I can't wait to see it. / He said, "You are right."
- 나라 이름, 언어, 고유명사의 첫 글자 : Mexico, Greek, Hyeokjin, Tom
- 요일, 월, 공휴일 앞에 : The favorite vacation months are July and August.
  Next Sunday is Mother's day.
- 책, 잡지, 연극 제목 등 : The Times, Romeo and Juliet

1 우리 가족은 대가족이 아니다.

My family is not _____.

2 우리 가족은 엄마, 아빠, 동생 그리고 나이다.

My family members are _____.

3 나는 대전에서 태어났다.

I was _____.

4 우리 사촌은 미국에서 태어났다.

My cousin _____.

5 그는 지난 5월에 한국에 왔다.

He _____.

6 그가 '만나서 반갑다.'라고 말했다.

He said, "_____."

7 그는 영어로 말하지 않으려고 노력했다.

He tried not _____.

8 나는 어릴 때 책 읽는 것을 좋아했다.

_____.

9 우리는 부유하지는 않지만 행복하다.

_____.

10 우리는 '더 타임스'를 구독한다. (subscribe to ~을 구독하다)

_____.

 구두점에 유의하면서 자유롭게 일기를 써보세요.

Soccer game

Fair, Friday, 15 June

We had a soccer game with another school team. I made phones to my friends in order to ask them to go and cheer us up. I was anxious to win the game. Many friends came and they rooted for us by making funny sounds. We did our best not to make mistakes. We made an desperate effort to defeat the opposite team. Finally we won, so we had a party. We had a great time by celebrating our victory. After finishing the party, I took a short shower and took a rest. Today I had a wonderful day.

축구 시합

우리는 오늘 다른 학교 팀과 축구 시합을 했다. 나는 내 친구들에게 응원하러 오라고 부탁하기 위해 전화를 했다. 나는 그 경기에서 이기기를 몹시 바랐다. 많은 친구들이 와서 재미있는 소리를 내며 우리를 응원했다. 우리는 실수하지 않으려고 최선을 다했다. 상대방 팀을 이기려고 필사적인 노력을 했다. 마침내 우리가 이겼다. 그래서 파티를 열었다. 우리는 승리를 축하하며 즐거운 시간을 보냈다. 파티가 끝난 후에, 나는 간단한 샤워를 하고 휴식을 취했다. 정말 즐거운 하루였다.

have a game 경기가 있다 | **make phones** 전화를 걸다 | **in order to** ~하기 위하여 | **cheer up** 격려하다 | **be anxious to** ~를 몹시 바라다 | **root for** ~를 응원하다 | **by -ing** ~함으로써 | **make sounds** 소리를 내다 | **make mistakes** 실수하다 | **desperate** 필사적인 | **defeat** 패배시키다 | **celebrate** 축하하다 | **victory** 승리 | **take a rest** 휴식을 취하다